# 1922

# NICK RENNISON

# 1922
## CENAS DE UM ANO TURBULENTO

**TRADUÇÃO**
**MARCIA BLASQUES**

astral
cultural

Copyright © 2021, Nick Rennison
Título original: 1922: scenes from a turbulent year
Tradução para Língua Portuguesa © 2021, Marcia Blasques
Todos os direitos reservados à Astral Cultural e protegidos pela Lei 9.610, de 19.2.1998.
É proibida a reprodução total ou parcial sem a expressa anuência da editora.
Este livro foi revisado segundo o Novo Acordo Ortográfico da Língua Portuguesa.

**Editora** Natália Ortega
**Identidade visual e projeto gráfico** Aline Santos
**Produção editorial** Bárbara Gatti, Jaqueline Lopes, Renan Oliveira e Tâmizi Ribeiro
**Revisão** Alessandra Volkert e João Rodrigues
**Capa** Elsa Mathern
**Foto do autor** David Lawrence

---

Dados Internacionais de Catalogação na Publicação (CIP)
Angélica Ilacqua CRB-8/7057

---

R331m

Rennison, Nick
   1922 : cenas de um ano turbulento / Nick Rennison ; tradução de Marcia Blasques. – Bauru, SP : Astral Cultural, 2021.
   256 p.

ISBN 978-65-5566-183-5

1. História - 1922 2. História universal - 1922 3. Guerra Mundial, 1914-1918 4. PandemIa - História I. Título II. Blasques, Márcia

CDD 909

21-4509

---

Índices para catálogo sistemático:
1. História - 1922

ASTRAL CULTURAL EDITORA LTDA.

BAURU
Avenida Duque de Caxias, 11-70
8º andar
Vila Altinópolis
CEP 17012-151
Telefone: (14) 3879-3877

SÃO PAULO
Rua Major Quedinho, 111 - Cj. 1910,
19º andar
Centro Histórico
CEP 01050-904
Telefone: (11) 3048-2900

E-mail: contato@astralcultural.com.br

Por volta de 1922, o mundo se partiu em dois.
**Willa Cather**

# Sumário

Introdução .................................................. 13

Janeiro ....................................................... 16
Fevereiro .................................................... 34
Março ......................................................... 52
Abril ........................................................... 74
Maio ........................................................... 92
Junho ........................................................ 114
Julho ......................................................... 134
Agosto ...................................................... 148
Setembro ................................................... 168
Outubro .................................................... 186
Novembro ................................................. 204
Dezembro .................................................. 222

Bibliografia ................................................ 241

Agradecimentos ......................................... 245

Índice remissivo ......................................... 247

# 1922
# Mês a mês

19 Um escândalo cinematográfico
26 A insulina
27 A morte de um explorador
29 A primeira apresentação de *Façade*
31 Uma tempestade fatal

## Janeiro

55 O cinema europeu e filmes de vampiro
59 Babe Ruth assina um novo contrato
61 O julgamento de Gandhi
63 Estrelas do futuro
64 Um voo para o Rio
65 Assassinatos na Baviera
67 Os belos e malditos
71 Morre o pai de um escritor

## Março

## Fevereiro

37 Joyce e Ulysses
39 Um novo papa
41 A execução de um assassino
42 A queda de um dirigível
44 Quem matou Bill Taylor?
46 Chauri Chaura
48 Um assassinato na Finlândia
49 A independência do Egito

 95 O críquete
 96 Linchamento nos Estados Unidos
 98 Sentindo a necessidade de velocidade
 100 A ascensão e queda de Horatio Bottomley
 101 A Laugh-O-gram Films
 103 O declínio de Lenin
 106 Morre o dadaísmo
 108 The Flapper
 110 Lincoln rememorado
 112 O fracasso do voo ao redor do mundo

# Maio

# Abril

 77 Um acidente de avião na Picardia
 78 A última final da Copa da Inglaterra antes de Wembley
 80 A morte de um ex-imperador
 81 Warren Harding e o escândalo de Teapot Dome
 85 A China e os senhores da guerra
 86 Conan Doyle fala no Carnegie Hall
 89 O Indiana Jones da vida real

# Junho

 117 Lançamentos na literatura infantil
 118 Uma lenda do golfe
 119 Luta nas ruas de Dublin
 123 O massacre de Herrin
 126 Assassinatos em Londres e Berlim
 132 A retirada dos japoneses da Sibéria

**137** Tarzan quebra um recorde
**138** O casamento que todos viram
**139** Inauguração do County Hall
**140** Um manual de etiqueta
**142** Jack Dempsey
**143** Racismo na Geórgia
**144** Suzanne Lenglen
**146** Diário de um viciado em drogas

## Julho

**171** O grande incêndio de Esmirna
**176** Um herói da guerra cruza os Estados Unidos
**177** O assassinato de Hall e Mills
**179** A primeira peça de Bertold Brecht
**180** Um time de futebol só de mulheres
**182** A revolta contra chapéus de palha
**184** Battling Siki

## Setembro

## Agosto

**151** Telefones mudos
**153** O tufão em Swatow
**154** O assassinato de Michael Collins
**157** Todo aquele jazz
**160** O ataque em Inglewood
**161** A morte de um barão da imprensa
**163** Lawrence da Arábia se junta à Força Aérea Real
**165** Al Capone é preso

**207** A execução de Erskine Childers
**208** Um novo líder para a Ku Klux Klan
**210** A morte do Reino Unido liberal
**211** Um estranho caso de envenenamento
**212** O fim de um império
**213** O Nobel de Einstein
**215** "Coisas maravilhosas"
**218** A morte de Marcel Proust
**219** Senadora por um dia

## Novembro

## Outubro

**189** A criação da BBC
**194** O primeiro salto real de paraquedas
**195** A terra devastada
**198** A morte de Marie Lloyd
**200** A marcha dos fascistas em Roma

## Dezembro

**225** Um explorador polar recebe o Nobel da Paz
**226** Uma presidência de vida curta
**228** O massacre de Perry
**229** Antígona
**230** Thompson e Bywaters
**238** A formação da URSS

# INtrODuçãO

A década de 1920 foi diferente. Até mesmo quem vivia naquela época sabia que era um tempo fora do comum, merecedor de um *status* especial. Na América, ela foi apelidada de "os estrondosos anos 1920" e "a era do jazz"; na França, ficou conhecida como "os anos loucos". O mundo tinha acabado de sair de uma guerra que matara milhões de pessoas e de uma pandemia que dizimara outras dezenas de milhões. A então chamada "gripe espanhola", que recebeu este nome porque, no início, a Espanha parecia ser um dos países mais afetados, dava seus primeiros sinais nos últimos meses da Primeira Guerra Mundial. A doença se espalharia pelo mundo todo ao longo dos anos seguintes, em várias ondas, até que, segundo estimativas atuais, quase um terço da população mundial fosse contaminada, e entre vinte e cinquenta milhões de pessoas tivessem suas vidas ceifadas. (Algumas estimativas apontam para um número de mortes ainda maior.) Aqueles que chegaram à idade adulta durante esses anos e sobreviveram ao duplo trauma da guerra e da doença ficaram desorientados, completamente perdidos. Eles se tornariam, para a escritora norte-americana Gertrude Stein, a "geração perdida". Na Europa e na América, o único objetivo das pessoas dessa geração era se divertir. Em uma época de amor à dança, aos excessos de Hollywood, às bebidas ilícitas e ao relaxamento da moral sexual, o hedonismo era a única regra do jogo.

Essa determinação de festejar era só um dos aspectos dos anos 1920 — houve muitas outras agitações e mudanças. De todos os anos dessa década dramática, o mais turbulento, aquele que alterou o mapa do mundo, foi 1922. Na esteira da guerra, um império cambaleou e caiu. O Império Otomano, que sobrevivera por seiscentos anos, viu seu fim quando o último sultão foi obrigado a se exilar. Até mesmo o Império Britânico, que, nos anos 1920, alcançava sua maior extensão, começava a mostrar sinais de decadência. Na Irlanda, a Guerra Anglo-Irlandesa terminaria no fim de 1921. A assinatura de um tratado de paz fez nascer o Estado Livre Irlandês, o que, no ano seguinte, desencadearia uma brutal guerra civil. O Egito conquistou uma forma diluída de autogoverno. O movimento de independência na Índia ganhava força. Em todos os cantos, novas nações surgiam, e antigas nações mudavam radicalmente suas políticas. Os últimos dias de 1922 presenciaram a fundação oficial da União das Repúblicas Socialistas Soviéticas (URSS). Antes, naquele mesmo ano, Mussolini e seus camisas-negras tinham organizado a Marcha sobre Roma, que transformara a Itália no primeiro Estado fascista.

Na arte, as formas tradicionais provaram-se inadequadas, e escritores, músicos e pintores buscavam novos modos de expressão. Na literatura, duas das obras mais influentes do século seriam publicadas com poucos meses de diferença: o romance *Ulysses*, de James Joyce, apareceria em fevereiro de 1922, e o poema *A terra devastada*, de T. S. Eliot, em outubro. Na sociedade já transformada pelo trauma da guerra, as convenções e morais do passado ficavam cada vez mais antiquadas à medida que novos pensamentos e comportamentos surgiam. Meu livro pretende retratar esse ano, que foi uma verdadeira montanha-russa.

Por meio de uma série de acontecimentos importantes, que vão de assassinatos a partidas de futebol, de eventos que mudaram a época, como o estabelecimento da União Soviética, a paisagens artísticas, tentei dar uma ideia de como o mundo era há cem anos. Parte do que se segue nos fará lembrar que, nas famosas palavras de L. P. Hartley, "o passado é um país estrangeiro; lá as coisas são feitas de um jeito diferente". Outras passagens, no entanto, serão muito familiares ao leitor.

Um século depois, os acontecimentos de 1922 continuam influenciando de muitas formas. A Irlanda moderna foi moldada pelo que aconteceu naquele ano. O tratamento do diabetes com insulina (veja Janeiro) continua a salvar vidas. O quase desconhecido dono de um pequeno estúdio de animação (veja Maio) acabou criando um império que ainda desempenha um papel central na cultura popular dos nossos dias. O esporte mantém o apelo de massa que, em 1922, apenas vislumbrava. O racismo assola, até hoje, as sociedades modernas. À medida que saímos de uma pandemia não muito diferente daquela que a geração anterior atravessou, é fácil entender por que naquela época as pessoas decidiram simplesmente se divertir. Espero que todos estes retratos do passado, que às vezes carregam consigo ecos surpreendentes do presente, sejam divertidos e esclarecedores.

JANEIRO

FREDERICK
BANTING
PRÊMIO
NOBEL DE
MEDICINA
JULGAMENTO
DIABETES
ERNEST
SHACKLETON
ASSÉDIO
HOLOFOTES
NEVASCA
CHARLES
ESPERANÇA
BEST

Logo no começo do ano, um dos maiores escândalos da história de Hollywood ganha nova vida com o segundo julgamento de "Fatty" Arbuckle. O primeiro tratamento bem-sucedido com insulina chega como uma nova esperança para os portadores de diabetes. A morte de Ernest Shackleton em uma ilha no Atlântico Sul encerra a era de ouro da exploração polar. Em Londres, a primeira apresentação de uma inusitada obra, que combina poesia e música, anuncia a chegada de um grande talento. Em Washington D. C., uma nevasca causa uma tragédia.

# Um escândalo cinematográfico

Em 11 de janeiro, começa o segundo julgamento do famoso ator e comediante Roscoe "Fatty" Arbuckle. Os holofotes da mídia nacional voltavam-se mais uma vez para a indústria cinematográfica norte-americana e para o lugar que já era sinônimo de cinema.

Pouco mais de uma década antes, Hollywood não passava de uma pequena comunidade rural a alguns quilômetros a noroeste de Los Angeles, cujos pomares de frutas cítricas e vinhedos davam fama ao local. É só mais tarde que os cineastas chegam, fugindo das restrições às suas atividades na Costa Leste e em busca de um pouco de sol.

Em 1922, Hollywood era a capital da florescente indústria cinematográfica. Entre os filmes lançados naquele ano estão *Sangue e areia*, estrelado pelo galã latino Rodolfo Valentino; *Esposas ingênuas*, dirigido e estrelado pelo autoproclamado gênio Erich von Stroheim; e *A homicida*, um dos primeiros e mais sinistros melodramas de Cecil B. DeMille, que chamou a atenção com uma cena de orgia. Em junho, estreou em Nova York *Nanook, o esquimó*, de Robert Flaherty, a história de um caçador inuíte e de sua família. Apesar de muitas distribuidoras de filmes o terem recusado, céticos de que haveria algum interesse pela vida de esquimós, ele foi o primeiro documentário de longa-metragem da história do cinema a ter sucesso comercial. Isso causou um breve entusiasmo por coisas relacionadas a esquimós, incluindo a letra inesquecível de uma

Nick Rennison

canção da Broadway: "*Ever-loving Nanook / Though you don't read a book / But, oh, how you can love!*" [Nanook, sempre amoroso / Você não sabe ler / Mas, ah, como sabe amar!].

Ao longo de 1922, os comediantes que já tinham se estabelecido como algumas das maiores estrelas de Hollywood continuavam fazendo seus filmes. Charles Chaplin era o homem mais famoso do mundo, e seu personagem Carlitos era conhecido por audiências de Los Angeles a Londres, e até da Rússia soviética. O próprio Chaplin estava cansado das limitações do personagem e ansioso para fazer filmes mais longos. Seu primeiro longa, *O garoto*, fora lançado no ano anterior; *Dia de pagamento*, seu último curta-metragem de dois rolos, apareceu em 1922.

Buster Keaton, o rival de Chaplin, já tinha participado de seu primeiro longa-metragem, *O panaca*, em 1920 — todos os seus lançamentos de 1922, porém, foram comédias de curta-metragem. (Keaton era amigo de Arbuckle e tinha estreado em um filme cinco anos antes, uma comédia estrelada pelo "gordo".) Harold Lloyd, famoso por seus óculos e por realizar ele mesmo as acrobacias de seus personagens, muitas delas perigosas (na mais memorável, em *O homem mosca*, que estrearia no ano seguinte, ele tenta se segurar pelos ponteiros de um relógio no alto de um arranha-céu), também estava fazendo longas-metragens.

Ao mesmo tempo, outros comediantes, como Ben Turpin, Charley Chase e Snub Pollard, encantavam a plateia com o humor criativo de seus pastelões. Um jovem comediante inglês chamado Stan Laurel, que fora substituto de Chaplin na trupe de *music hall* Fred Karno's Army, interpretava o personagem Rhubarb Vaselino em *Lama e areia*, uma paródia de dois rolos de *Sangue e areia*, enquanto aguardava o destino colocá-lo no caminho de um ator norte-americano gorducho chamado Oliver Hardy. (Em 1921, Laurel e Hardy apareceram juntos no curta-metragem *O cachorro da sorte*, mas não como uma dupla.) Porém, o blockbuster do ano (embora a palavra ainda não tivesse sido inventada) foi *Robin Hood*, dirigido por Allan Dwan e estrelado por Douglas Fairbanks Sr., o "rei de Hollywood" na era do cinema mudo.

Fairbanks estava no auge do sucesso e tinha provado seu talento para fanfarronices atléticas em seus primeiros filmes, como *A marca do Zorro* e *Os três mosqueteiros*. No começo, à procura de outro papel histórico, ele rejeitou o papel de Robin Hood. Ele não queria, era o que dizia, interpretar "um inglês de pés chatos caminhando pela floresta". Mas logo foi persuadido de que o papel poderia ser adaptado para o tipo de herói mais enérgico que gostava de interpretar. No início de 1922, ele se transformou no defensor mais aguerrido do projeto. Vultosas somas de dinheiro foram gastas para construir o imenso set de gravação com um castelo e uma reprodução da Nottingham do século XII no Pickford-Fairbanks Studio, localizado na esquina do Santa Monica Boulevard com a Formosa Avenue, em Hollywood. Quando *Robin Hood* estreou no recém-inaugurado Grauman's Egyptian Theatre, no Hollywood Boulevard, em outubro de 1922, ele já era o filme mais caro da história do cinema. Mais de 1,4 milhão de dólares foram gastos em sua produção.

E então, ainda em 1922, aconteceu o terceiro julgamento de Fatty Arbuckle. Um dos maiores escândalos da história de Hollywood tinha começado em uma festa, no ano anterior. A festa não acontecera em Hollywood, tampouco em Los Angeles. Muitas celebridades começaram a ir para a costa de San Francisco, em busca de lugares mais discretos e menos frequentados, onde pudessem se divertir.

No fim de semana do Dia do Trabalho, em setembro de 1921, Fatty Arbuckle e dois amigos chegaram ao St. Francis Hotel, em San Francisco, onde tinham reservado alguns quartos e uma suíte. A bebida alcoólica, ilegal na época da Lei Seca, logo começou a circular, e mais convidados começaram a aparecer. Entre eles estavam as jovens

Maude Delmont e Virginia Rappe. Rappe, uma moça atraente de 26 anos, trabalhava como modelo e atriz em filmes de menor porte. Delmont era uma figura mais enigmática, de reputação dúbia.

Há relatos conflitantes sobre o que aconteceu em seguida no St. Francis Hotel. Uma das versões conta que, conforme mais e mais bebida era consumida, Virginia Rappe começou a ficar incomodada e a passar mal. O médico do hotel foi chamado e, depois de examiná-la, disse que ela só estava sofrendo de uma forte embriaguez. Rappe foi colocada para dormir em outro quarto, até que os efeitos da bebedeira passassem. Mas o médico tinha se enganado. Alguns dias depois, quando Arbuckle e seus amigos foram embora de San Francisco, Rappe deu entrada ao hospital e morreria em 9 de setembro, em decorrência de uma peritonite causada por um rompimento da bexiga.

Segundo Delmont, Arbuckle havia violentado sexualmente sua amiga. Ele teria arrastado Rappe, que estava totalmente embriagada, para um quarto, lhe dizendo, "Esperei cinco anos, e agora consegui", antes de fechar e trancar a porta. Quando Delmont, batendo na porta furiosamente depois que ouvira a amiga gritar no quarto, finalmente convenceu o comediante a deixá-la entrar, viu Rappe largada na cama, gemendo de dor. Em seguida, a levaram para outro quarto e chamaram rapidamente o médico do hotel. Depois da hospitalização, Rappe teria dito a Delmont que Arbuckle a estuprara.

Arbuckle contou uma história diferente e negou qualquer crime. Na sua versão, ele tinha bebido com Virginia Rappe, mas nunca estivera sozinho com ela, e outras pessoas podiam confirmar isso. Em determinado momento, ele disse que Rappe tinha ficado histérica e começado a tirar a roupa, dizendo que não conseguia respirar. Mais tarde, ele a encontrou vomitando no banheiro e, com a ajuda de outros convidados, fez com que ela fosse levada a outro quarto, para que pudesse dormir. Quando ele voltou a Los

**1922 | Janeiro**

Angeles, depois de um final de semana repleto de festas, supôs que Rappe não tinha sofrido nada além de uma imensa ressaca.

Naquele momento, se era ou não verdade, Arbuckle estava bem encrencado. A história de Delmont, que ganhou força depois da morte de Virginia Rappe, era um prato cheio para os tabloides. Fatty Arbuckle era um dos astros mais conhecidos e amados de Hollywood. Ex-artista de *vaudeville* que pesava mais de 130 quilos (daí seu apelido, "Fatty", que significa gordo), Arbuckle participava de filmes desde 1909. Sua popularidade era tão grande que, em 1918, a Paramount Pictures oferecera a ele um contrato de três anos no valor de três milhões de dólares.

Um pouco antes de o escândalo estourar, o contrato tinha sido renovado por mais um ano e mais um milhão de dólares. William Randolph Hearst, o magnata da imprensa, diria mais tarde que o escândalo de Arbuckle foi o acontecimento que mais vendeu jornais desde o naufrágio do *Lusitânia*, em 1915.

Com acusações cada vez piores, de todo tipo de depravação sexual saindo nos jornais, Arbuckle voltou a San Francisco e se entregou voluntariamente. Passou três semanas na cadeia, enquanto um retrato dele circulava nos jornais e as autoridades decidiam o que fazer em seguida. Cheio de ambição, o promotor distrital de San Francisco, Matthew Brady, viu o caso como um meio de se autopromover. Brady levou a denúncia à Justiça, a princípio acusando o comediante de assassinato de primeiro grau. Depois, a acusação foi reduzida a homicídio culposo, e o primeiro julgamento de Arbuckle começou em 14 de novembro de 1921.

Arbuckle era acusado de causar a morte de Rappe ao romper sua bexiga durante o estupro. Alguns rumores diziam que os ferimentos de Rappe tinham sido causados quando Arbuckle, impotente por causa do álcool, a penetrara com uma garrafa de Coca-Cola ou de champanhe. Muitas das testemunhas de acusação deram depoimentos contraditórios ou que foram refutados pela defesa.

Arbuckle depôs e fez um relato do que teria acontecido na festa, negando toda a responsabilidade pela morte de Rappe. Ele deve ter tido grandes esperanças de que sua provação logo acabaria, mas o julgamento terminou em um impasse, com o júri dividido por dez a dois a favor da absolvição. O julgamento foi anulado.

Um segundo julgamento, que começou em 11 de janeiro de 1922, mais uma vez terminou com o júri indeciso. As evidências do primeiro julgamento foram reapresentadas, mas a defesa agora tinha outros meios para desacreditar as testemunhas de acusação. Uma mulher admitiu que tinha mentido em seu depoimento e um segurança, que trabalhava em um estúdio de filmagem e tinha recebido uma proposta de suborno de Arbuckle para que ele liberasse o acesso ao camarim de Virginia Rappe, acabou sendo acusado de agredir uma menina de oito anos.

A defesa estava tão confiante que decidiu não pedir para o comediante subir no banco das testemunhas para dar a sua versão. O tiro saiu pela culatra. Alguns membros do segundo júri talvez tenham pensado que Arbuckle estava escondendo algo. O fato é que, dessa vez, a divisão foi de nove a três, mas a favor do veredito de culpa. O julgamento foi outra vez anulado, mas um terceiro julgamento teve início em 13 de março.

A essa altura, as histórias da infame festa no St. Francis Hotel e das orgias de Hollywood vinham excitando os leitores havia meses. Distribuidoras de filmes e donos de cinema tinham banido os filmes de Arbuckle. Mesmo assim, a defesa dele tinha um material ainda mais forte do que o dos dois julgamentos anteriores para apresentar ao júri: evidências de chantagens que Maud Delmont teria cometido no passado e de que Virginia Rappe não tinha o bom comportamento que a acusação tentava comprovar. Pelo menos uma testemunha-chave da acusação tinha feito besteira.

O próprio Arbuckle testemunhou novamente e acabou causando uma boa impressão. Dessa vez, o júri levou menos de dez minutos para declarar Arbuckle inocente. Os membros até insistiram em escrever uma declaração formal: "Só a absolvição não é suficiente para Roscoe Arbuckle. Sentimos que uma grande injustiça foi cometida contra ele". Depois de anunciado o veredito, os doze membros do júri formaram uma fila para apertar a mão do réu.

Após passar por três julgamentos, a carreira de Arbuckle estava acabada, mesmo tendo sido absolvido no último. Amigos o socorreram. Buster Keaton o contratou como roteirista de algumas de suas comédias de curta-metragem.

Sob o pseudônimo de William Goodrich (Keaton, primeiro, havia sugerido o trocadilho Will B. Good), Arbuckle dirigiu vários filmes menores. Ironicamente, o filme que talvez tenha sido seu trabalho de maior destaque depois de todo o escândalo dos julgamentos, *O moinho vermelho*, era estrelado por Marion Davies, que diziam ter um relacionamento com William Randolph Hearst, o homem cujos jornais tinham contribuído tanto para sua derrocada. No entanto, os comentários que cercavam Arbuckle desde a morte de Virginia Rappe nunca foram esquecidos. Roscoe "Fatty" Arbuckle morreu enquanto dormia, de ataque cardíaco, em 29 de junho de 1933, aos 46 anos.

O escândalo trouxe consequências para todos os envolvidos. A maior delas, claro, foi a morte de uma jovem mulher sob circunstâncias terríveis, enquanto um comediante de cinema viu sua carreira ir pelo ralo. Também ocorreram repercussões mais amplas. Depois do choque do assassinato de William Desmond Taylor (veja Fevereiro), seguido pelas revelações dos tabloides em torno da morte de Virginia Rappe, os estúdios de Hollywood começaram a perceber que precisavam fazer algo para proteger a reputação da indústria cinematográfica da rápida deterioração. Com esse intuito, produtores importantes se reuniram para criar a Associação de Produtores e Distribuidores de Filmes da América (Motion Pictures Producers and Distributors of America, MPPDA).

Nick Rennison

Em 1922, William Hays, ex-coordenador da campanha presidencial de Warren Harding, então presidente dos Estados Unidos, e moralista ao extremo, foi nomeado primeiro-presidente da MPPDA. Hays, "um homem de estupidez exemplar", como um roteirista o descrevera, foi encarregado de criar uma comissão que censurasse os filmes de Hollywood. Temendo que as censuras fossem impostas a eles de cima para baixo (nessa época, já existiam várias regulações estaduais individuais), os produtores e distribuidores quiseram mostrar que podiam colocar a própria casa em ordem.

Ao longo dos anos, o Escritório Hays, como ficou conhecido, emitiu orientações sobre o que era ou não aceitável nas telas, em particular ao retratar sexo e violência. Essas orientações nem sempre foram seguidas, mas, em 1930, um "código de produção" formal foi estabelecido. Quatro anos mais tarde, foi criada a Administração do Código de Produção (Production Code Administration, PCA), para fazer com que os regulamentos, muitas vezes rígidos, fossem cumpridos. Todos os filmes tinham que ter a aprovação da PCA antes de serem exibidos.

O código continuou a existir até a década de 1960, quando a sociedade e a indústria cinematográfica tinham mudado tanto que ele acabou se tornando impraticável.

## A insulinA

Em 11 de janeiro, um estudante de treze anos, de Toronto, chamado Leonard Thompson, fez história na medicina ao se tornar o primeiro paciente diabético a receber uma injeção de insulina. Pesando menos de trinta quilos e entrando e saindo de um coma diabético em um leito do Hospital Geral de Toronto, Leonard estava quase morrendo quando o pai autorizou que o filho recebesse insulina. Isso nunca tinha sido feito em um ser humano.

1922 | Janeiro

A primeira dose não teve efeito, a condição do garoto continuou a mesma. Ela, na verdade, acabou induzindo Leonard a uma reação alérgica, mas, doze dias depois, ele recebeu uma insulina em estado mais puro. Dessa vez, funcionou. Os níveis de glicose do garoto voltaram ao normal, e os piores sintomas começaram a desaparecer.

O potencial terapêutico da insulina tinha sido ventilado pelo médico e cientista canadense Frederick Banting, que trabalhava com um colega mais jovem, Charles Best. No ano anterior, eles tinham apresentado suas ideias a J. J. R. Macleod, professor de fisiologia na Universidade de Toronto. Macleod os encorajara com subsídios e um espaço no laboratório para os dois trabalharem, e contribuíra para os experimentos voltados a produzir um tipo insulina que pudesse ser aplicado em pacientes diabéticos. Macleod e Banting, que ainda estavam na casa dos trinta e poucos anos, receberam o Nobel de Medicina em 1923. Antes de morrer de pneumonia, uma complicação do diabetes, em abril de 1935, aos 26 anos, Leonard Thompson viveu mais treze anos.

## A morte de um explorAdor

Na primeira semana de 1922, Ernest Shackleton, aclamado na época como um dos maiores heróis do Império Britânico, morreu. Nascido na Irlanda e educado no Dulwich College, em Londres, Shackleton servira como oficial da Marinha mercante antes de se juntar ao capitão Scott na expedição Discovery e embarcar na viagem que faria dele um dos exploradores polares mais famosos do mundo.

Depois de uma jornada com Scott e Edward Wilson ao que era, até então, o ponto mais ao sul do planeta que a humanidade já alcançara, ele foi mandado de volta para casa, doente. Algum tempo depois, em janeiro de 1909, ele liderou sua própria expedição para a Antártica e conseguiu chegar a 160 quilômetros do polo Sul, antes de ser forçado a retornar.

    Shackleton também liderou a expedição Transantártica de 1914 a 1917, durante a qual foi de barco, em uma jornada épica, até a ilha Geórgia do Sul para buscar ajuda para seus homens, que estavam encalhados em uma ilha desabitada no oceano Antártico. Sua última viagem já começou com muita visibilidade, quando seu navio *Quest*, uma escuna norueguesa adaptada, partiu de Londres em 17 de setembro de 1921. O navio apresentou problemas desde o início, e Shackleton teve que mudar seus planos várias vezes ao longo da rota para o Sul, de modo a compensar os atrasos causados pela necessidade de mexer nos motores.

    Quando o *Quest* chegou ao Rio de Janeiro, no final de novembro, Shackleton estava de mau humor. Ele não tinha mais tanta certeza se ia conseguir chegar ao destino. "Dá para ver que o chefe está sendo bem franco quando ele diz que não sabe o que vai fazer", um homem escreveu em seu diário. Aparentemente, o plano era seguir até as ilhas antárticas e repensar as possibilidades ali. Mas a verdade era que Shackleton estava doente.

    Em 5 de janeiro de 1922, com apenas 47 anos, ele morreu em decorrência de um ataque cardíaco na ilha Geórgia do Sul. Quiseram enviar seu corpo para a Grã-Bretanha, mas sua esposa mandou uma mensagem dizendo que ele deveria ser enterrado ali mesmo, na ilha. Seu túmulo fica no cemitério de Grytviken, e é frequentemente visitado por turistas trazidos pelos cruzeiros que hoje deslizam pelas águas antárticas.

    Com a morte de Shackleton, o período que várias vezes foi chamado de "a era de ouro da exploração polar" terminou. O capitão Scott, outro grande explorador dessa época, estava morto havia dez anos, e suas tentativas fracassadas de ser o primeiro humano no polo Sul já tinham se transformado em lendas, em especial por conta dos seus registros em diário próximos à data de sua morte.

**1922 | Janeiro**

Em 1922, Apsley Cherry-Garrard, que integrara o grupo que tinha descoberto os corpos de Scott e de seus companheiros, proporcionou um relato menos mítico no livro *A pior viagem do mundo*. Cherry-Garrard foi franco sobre os perigos e o desconforto que enfrentara. "A expedição polar", escreveu, "é, ao mesmo tempo, uma forma mais limpa e isolada de enfrentar dificuldades que foram planejadas." (O título não se refere à corrida condenada ao polo, mas a uma viagem anterior, na qual Cherry-Garrard acompanhara Edward Wilson e Birdie Bowers do cabo Evans, a base da expedição, até o cabo Crozier. A viagem fora feita no meio do inverno antártico, na completa escuridão, sob temperaturas que chegavam a menos de -20ºC, e tinha como objetivo coletar ovos de pinguins.)

O registro de Cherry-Garrard sobre a última expedição de Scott se tornou um clássico da literatura de viagens e é editado até hoje, um século depois de sua primeira publicação.

Roald Amundsen, o norueguês que derrotara Scott na corrida até o polo Sul, ainda estava em busca da glória. Em 1922, ele abandonou os planos para uma expedição naval até o polo Norte e voltou sua atenção para uma viagem aérea até o topo do mundo. Embora outros triunfos o aguardassem (ele faria um voo bem-sucedido sobre o polo Norte, antes de desaparecer em 1928 durante uma busca por um dirigível perdido na Itália), o significado de atos heroicos estava mudando na década de 1920. Para muitas pessoas, depois dos horrores da Primeira Guerra Mundial, os velhos ideais de empreendimentos masculinos pareciam vazios e inapropriados.

## A primeira apresentação de *Façade*

O inexperiente compositor William Walton foi "descoberto" em Oxford, onde estudava e cantava no coro da universidade, por Sacheverell Sitwell, o membro mais jovem de três irmãos, todos escritores.

Convencido do gênio musical de Walton, Sacheverell, junto de seu irmão Osbert e de sua irmã Edith, adotaram o jovem e, no começo de 1922, ele passou a morar no sótão da casa da família Sitwell, na Carlyle Square, número 2, em Londres, dependendo financeiramente do apoio deles. "Fui para passar algumas semanas", ele escreveria mais tarde, "e fiquei por quinze anos". Enquanto morava ali, escreveu um acompanhamento musical para *Façade*, uma série de poemas de Edith. Subintitulado "entretenimento", *Façade* se tornou um marco na história da música inglesa do século XX. Walton continuou a revisar e a acrescentar partes da música praticamente pelo resto da vida.

A primeira apresentação privada de *Façade* aconteceu na casa da Carlyle Square, em 24 de janeiro, somente para convidados. Edith Sitwell recitou dezoito de seus poemas em uma espécie de megafone chamado *sengerphone*, que, nas fotos, parece um cone de trânsito no qual alguém grita pela extremidade mais estreita. Esse instrumento fora inventado pelo cantor suíço Alexander Senger, supostamente para aumentar o volume da voz dos cantores wagnerianos. O próprio Walton, apenas um adolescente, foi quem conduziu o pequeno conjunto de músicos.

A primeira apresentação pública aconteceu em junho do ano seguinte, em uma versão estendida, no Aeolian Hall, na New Bond Street. Segundo uma reportagem desdenhosa de um jornal, o evento tinha contado com a presença de "homens de cabelos compridos e mulheres de cabelos curtos" da vanguarda londrina. Outros jornais foram mais rudes ainda. Em um deles, a manchete era: "A bobagem que pagaram para ouvir". Até mesmo alguns músicos tinham ficado incomodados com a partitura. Dizem que o clarinetista perguntara para o compositor: "Sr. Walton, algum clarinetista já machucou você?". No entanto, o espetáculo era o *succès de scandale* que os Sitwell procuravam, e tanto os irmãos quanto Walton se tornaram conhecidos do público.

## Uma Tempestade fatal

Durante dois dias e duas noites de janeiro, uma nevasca atingiu Washington D. C., a pior que a cidade enfrentou no século XX. Ela começou no fim da tarde de 27 de janeiro e, em 24 horas, a maior parte de Washington estava soterrada sob metros de neve. Mais neve se acumularia na noite seguinte. A tempestade ficou conhecida como Knickerbocker, por causa do Knickerbocker Theatre, o cinema local onde mais haviam morrido pessoas durante a terrível tempestade de neve.

Na noite de 28 de janeiro, o cinema passava *Get-Rich-Quick Wallingford*, um filme mudo baseado no romance homônimo que era o *best-seller* do momento. Os espectadores assistiram a vários curtas-metragens e desenhos, mas logo depois que o filme começou, por volta das 21 horas, algumas pessoas começaram a ouvir o que mais tarde seria descrito como um barulho sibilante vindo de cima. O telhado do Knickerbocker estava rachando sob o peso da neve lá fora. Muitos presentes, percebendo o perigo, correram para a saída ou tentaram se esconder sob os assentos. Mas era tarde demais. Em poucos minutos, o telhado inteiro caiu, levando consigo os balcões do cinema, e as pessoas que queriam tanto ver o filme foram soterradas pelos escombros.

Uma operadora de telefonia local recebeu uma ligação desesperada um pouco depois das nove: "O teto do Knickerbocker Theatre acabou de cair. Mande o resgate". Mais tarde, essa pessoa foi parabenizada pela agilidade e rapidez de sua reação, mas as péssimas condições meteorológicas dificultaram a ida das ambulâncias e dos demais veículos de resgate ao local.

Lá pela meia-noite, no entanto, mais de duzentos policiais, soldados e bombeiros escavavam os destroços do teatro, em busca de sobreviventes. Duas horas depois, o número de ajudantes tinha triplicado, e os esforços para resgatar quem estava soterrado continuaram até o dia seguinte.

Muitos foram retirados vivos dos escombros, mas dezenas morreram. Os hospitais da área ficaram lotados de vítimas, e postos de primeiros socorros foram improvisados em estabelecimentos próximos, incluindo uma loja de doces. Um necrotério temporário foi montado no porão da igreja Christian Science. Logo o local foi cercado de pessoas que procuravam notícias de seus entes queridos. Segundo o *Washington Post*, era "comovente ver homens e mulheres identificando filhos, filhas, mães, esposas e amados entre os mortos".

Logo surgiram histórias de mortes terríveis e de fugas quase milagrosas. Mary Forsyth, uma das sobreviventes, ficara algum tempo presa sob os destroços. Perto dela, estavam presos também um jovem e sua namorada. Entre os gritos de dor, Mary relataria mais tarde, o jovem começara a cantar, e a namorada se juntara a ele. Ambos continuaram a cantar por algum tempo, até suas vozes irem sumindo aos poucos. Os corpos dos dois seriam desenterrados no dia seguinte.

Agnes Mellon, a menina em questão, fora ao cinema com o namorado. Quando o teto desabara, o desmoronamento fora acompanhado de uma súbita rajada de ar. O namorado de Agnes tinha sido lançado para o saguão e sobrevivera; Agnes ficara presa no concreto e acabaria falecendo.

Nas primeiras horas da manhã do dia seguinte, as equipes de resgate, vasculhando os destroços, chegaram a um bolsão de ar maior, onde um homem ainda estava sentado em sua cadeira, morto. Tinha sobrevivido ao desabamento do edifício, mas o choque causara um ataque cardíaco. Noventa e oito pessoas morreram na tempestade Knickerbocker, e outras 130 ficaram feridas. Essa nevasca continua sendo uma das piores tragédias da história da capital dos Estados Unidos.

# Fevereiro

James Joyce
Alfred Noyes
Modernismo
Broadway
Bento XV
Execução pública das bibas
Pietro Gasparri
Pontifícia
Dale Mabry

Um dos livros mais importantes do século XX é publicado em Paris, no 40º aniversário do autor. Em Roma, os católicos saúdam um novo papa. Na França, um assassino vai para a guilhotina. Os dirigíveis parecem ser o futuro das viagens internacionais, mas um acidente em Norfolk, na Virgínia, deixa todos em alerta. O misterioso assassinato de um famoso diretor escandaliza Hollywood. Uma pequena cidade da Índia é palco de uma tragédia. Na Finlândia recém-independente, um assassinato político choca a população. O Egito conquista independência parcial da Grã-Bretanha.

## JOycE e Ulysses

O escritor irlandês James Joyce era um homem supersticioso, obcecado pelo significado das datas. Como é sabido, a narrativa de *Ulysses*, sua obra mais conhecida e, para alguns críticos, o romance mais importante do século XX desenrola-se ao longo do dia 16 de junho de 1904, data em que ele teve seu primeiro encontro com Nora Barnacle, com quem passou o resto da vida. Joyce estava determinado a publicar *Ulysses* no dia 2 de fevereiro de 1922, não só porque era seu aniversário de quarenta anos, mas porque gostava da coincidência numerológica: 2/2/22.

Deixar o original pronto para a auspiciosa data não foi uma tarefa fácil. Aqueles que leram *Ulysses* saberão que o original deve ter deixado em pânico qualquer datilógrafo encarregado de datilografá-lo. Não só a prosa e o estilo de Joyce eram incomuns, e sua caligrafia, praticamente indecifrável, como as páginas em que ele escrevera eram salpicadas de riscos e setas para indicar o lugar em que os escritos nas margens deveriam ser inseridos. Uma datilógrafa tinha ameaçado se suicidar se fosse obrigada a datilografar mais uma página; outra foi até o apartamento de Joyce uma manhã, tocou a campainha, jogou o manuscrito na soleira da porta e saiu correndo.

O livro foi finalmente publicado, com uma tiragem de mil exemplares, por Sylvia Beach, norte-americana expatriada e dona da livraria Shakespeare and Company, em Paris. (Alguns trechos da obra já tinham sido publicados na revista *The Little Review*, entre março de 1918 e dezembro de 1920.) A segunda edição, com tiragem de dois mil exemplares, apareceu mais tarde no mesmo ano, dessa vez sob o selo da Egoist Press, criada pela patrocinadora e admiradora de Joyce, Harriet Shaw Weaver.

Joyce celebrou tanto seu aniversário de quarenta anos quanto a publicação de sua obra-prima com um jantar no Ferrari's, um de seus restaurantes parisienses favoritos, com a família e um seleto grupo de amigos. Naquela época, só havia duas cópias de *Ulysses* na capital francesa. (As outras 998 ainda estavam na gráfica, em Dijon.) Uma foi colocada na vitrine da Shakespeare and Company e a outra Joyce levou consigo ao Ferrari's. Segundo seu biógrafo, Richard Ellmann, Joyce "colocou [o livro] sob a cadeira [...]. Todo mundo pediu para vê-lo aberto, mas ele se esquivava desses pedidos. Depois da sobremesa, ele finalmente abriu o pacote e colocou o livro na mesa". Um brinde foi proposto, e Joyce, antes extremamente taciturno, agora parecia comovido com a ocasião.

Quando os exemplares chegaram à imprensa naquele ano, houve muitas críticas negativas. Ninguém, nem mesmo Joyce, alimentava esperanças de que o crítico do *Daily Express*, S. P. B. Mais, gostasse do livro, e ele não desapontou. "Nossa primeira impressão é a de puro desgosto", ele escreveu, concluindo que "ler o Sr. Joyce é como fazer uma excursão à Rússia bolchevique: todos os padrões vão por água abaixo". Por algum motivo insondável, o *Sporting Times*, muito mais conhecido pela cobertura de corridas de cavalo do que pelo interesse em literatura moderna, também resolveu publicar uma crítica. Podemos dizer que o autor dela não gostou tanto assim do livro. "Os conteúdos principais são suficientes para deixar um hotentote doente", e prossegue dizendo para seus leitores que o livro "parece ter sido escrito por um lunático pervertido que se especializou em literatura de latrina". O poeta Alfred Noyes, agora lembrado por *The Highwayman*, uma alegre balada sobre um cavalheiro viajante e seu malfadado caso de amor, ficou furioso depois de ler *Ulysses*. "É o livro mais horrível que já foi publicado", afirmou ele.

Mesmo os leitores de quem se poderia esperar algum apreço pelo que Joyce estava tentando fazer mostraram desdém pela obra. Virginia Woolf foi ela mesma uma liderança do modernismo, mas suas opiniões sobre *Ulysses* foram mais motivadas por um esnobismo social do que por uma visão literária. "Pareceu-me um livro iletrado e rústico", escreveu em seu diário em agosto, "o livro de um trabalhador autodidata, e todos nós sabemos como eles são angustiantes, como são egoístas, insistentes, rudes, chamativos e, em última instância, nauseantes". Ela também descreveu o livro como "a obra de um mau aluno cheio de espinhas".

Obviamente, alguns leitores entenderam e apreciaram a genialidade de Joyce. O norte-americano Gilbert Seldes, crítico literário e pioneiro no estudo acadêmico da cultura popular, escreveu o seguinte comentário: "este épico da derrota, em que não há uma página ruim ou um momento de fraqueza, em que todos os capítulos são monumentos ao poder e à glória da palavra escrita, é em si uma vitória da inteligência criativa sobre o caos das coisas não criadas".

Por muitos anos, o "leitor comum", esse animal quase mítico, teve dificuldade para expressar uma opinião sobre *Ulysses*, fosse positiva ou negativa. Por causa de uma alegação de que continha obscenidades, o livro foi proibido de ser publicado na Grã-Bretanha, nos Estados Unidos e em vários outros países. O romance de Joyce tornou-se uma mercadoria de contrabando, só conseguia lê-lo aquele que arranjasse uma edição pirata ou aquele que tivesse acesso a um exemplar trazido escondido da alfândega.

## Um novo pAPa

Nos primeiros meses de 1922, dezenas de milhões de católicos ficaram completamente abalados quando o papa morreu.

Bento XV fora escolhido como o novo papa no mesmo mês em que começara a Primeira Guerra Mundial. Seu pontificado fora moldado pelo conflito, que ele certa vez tinha descrito como "o suicídio da Europa civilizada", e pelas suas consequências. Uma das principais preocupações do último ano do papado de Bento XV fora o aumento das perseguições que os católicos sofriam no mundo todo, em particular na Rússia soviética.

No começo de janeiro de 1922, Bento pegara uma forte pneumonia. A doença se agravaria tão rápido que ele morreria já no dia 22 daquele mesmo mês. O conclave, a reunião que elegeria seu sucessor, começou em 2 de fevereiro. Mas não foi uma decisão fácil. O grupo de cardeais se dividiu em dois: a parte conservadora, liderada pelo espanhol Rafael Merry del Val; e a parte mais liberal, que apoiava Pietro Gasparri, um cardeal italiano que fora secretário de Estado de Bento.

Ao longo de treze votações e quatro dias, nenhum candidato conseguiu atingir a maioria de dois terços dos votos que era exigida para a eleição. Achille Ratti, arcebispo de Milão, foi apresentado como um candidato comprometido, embora ele mesmo estivesse relutante a se colocar nessa posição, pois só tinha se tornado cardeal no ano anterior.

No entanto, no quinto dia e na 14ª eleição, ele acabou recebendo 38 votos, resultado suficiente para colocá-lo na cadeira do papa. Quando uma pequena delegação se aproximou dele para perguntar-lhe se estava disposto a aceitar tamanha responsabilidade, ele não apresentou quase nenhum entusiasmo diante de tal ideia. "Como é a vontade de Deus, não a posso recusar", foi o máximo que disse. "Já que é a vontade de Deus, devo obedecer". E assim o fez.

A fumaça branca, por fim, saiu da chaminé da Capela Sistina, indicando que uma decisão tinha sido tomada. Ratti, o novo papa, assumiria o nome Pio XI.

1922 | Fevereiro

## A execução de um Assassino

Casos de assassinatos notórios ao redor do mundo chegaram às manchetes em 1922. No mês de fevereiro, investigações de crimes que estiveram por muito tempo nas primeiras páginas em jornais da França foram concluídas. Henri Landru fora executado do lado de fora dos portões de uma prisão em Versalhes. Apelidado de Barba Azul de Gambais (a comuna onde ele vivia), Landru matara pelo menos sete mulheres entre 1915 e 1919, a maioria delas ele havia conhecido por meio de anúncios ao estilo "Procura-se um amor", os quais ele publicava nos jornais.

Enganado pela meia-irmã de uma das vítimas, que começara sua própria investigação, a polícia acabou prendendo Landru em abril de 1919. O processo contra o assassino foi construído ao longo dos dois anos seguintes, e, no fim de seu julgamento, em novembro de 1921, o juiz o sentenciou à guilhotina.

O jornalista norte-americano Webb Miller testemunhou a execução pública de Landru em 25 de fevereiro. "O assassino foi conduzido por uma curta distância, dos portões até a guilhotina, que fora erguida no meio de uma rua que passava pela prisão", escreveu Miller. "Ele foi empurrado contra uma prancha vertical e amarrado às pressas. A prancha caiu para a frente e foi empurrada para baixo da guilhotina. O carrasco puxou a corda e a pesada lâmina desceu com um baque, a cabeça de Landru caiu em uma cesta, a execução tinha terminado — tudo em um espaço de poucos segundos."

A morte de Landru não acabou com o fascínio por seus crimes. Ao longo do século, desde que a vida do assassino fora interrompida, refizeram e recontaram sua história em romances, peças e filmes. A comédia de humor ácido de Chaplin, *Monsieur Verdoux*, é inspirada nela. *A verdadeira história do Barba Azul*, de Claude Chabrol, de 1963, é uma releitura ficcional da vida de

Nick Rennison

Landru. Depois do lançamento do filme, uma mulher chamada Fernande Segret processou Chabrol por difamação. Ela tinha sido a última amante de Landru e ficou descontente com o jeito como fora retratada na obra.

## A queda de um dirigível

No início da década de 1920, o dirigível era considerado o futuro das viagens. O zepelim, patenteado primeiro por seu inventor Graf Ferdinand von Zeppelin, na década de 1890, tinha mostrado seu valor militar durante a Primeira Guerra Mundial. Porém, com o estabelecimento do armistício, logo surgiram planos de usá-lo não mais para o transporte de bombas, mas para o transporte particular de passageiros.

Em 1922, a empresa britânica Vickers Ltda. desenvolveu o projeto Burney Scheme, que recebeu esse nome em homenagem a seu maior proponente, Sir Dennistoun Burney. O objetivo era construir seis aeronaves, ao custo de 4 milhões de libras, que oferecessem um serviço de transporte que ligaria as colônias e os domínios britânicos ao redor do mundo. Nos anos seguintes, esse projeto evoluiria para o Imperial Airships Scheme, apoiado pelo governo durante as décadas de 1920 e 1930.

Apesar disso, já existiam sinais alarmantes de que os dirigíveis talvez não fossem considerados a maneira mais segura de as pessoas cruzarem os céus. O *Roma* tinha sido construído pela empresa italiana da qual o famoso aviador e explorador polar Umberto Nobile era sócio.

Depois de fazer voos testes bem-sucedidos em 1920, a aeronave fora vendida para o Exército dos Estados Unidos no ano seguinte. Ela havia sido embarcada da Itália para os Estados Unidos totalmente desmontada, e uma vez que chegasse lá seria remontada.

## 1922 | Fevereiro

Mais testes de voo foram feitos, mas então, em fevereiro de 1922, aconteceu um desastre em Norfolk, na Virgínia. O sistema de leme do dirigível tinha falhado. O que aconteceu a seguir foi descrito desta maneira por um jornal da época: "Ao mergulhar na terra, o grande dirigível atravessou um fio de energia elétrica de alta tensão, e o gás hidrogênio retido nele explodiu em chamas. [...] Horas depois da queda, a aeronave, em todos os seus cinquenta metros, ainda era puro fogo. Se antes os milhões de metros cúbicos de gás preparavam o grande balão para o voo, agora, completamente tomado pelas chamas, eles tornavam qualquer tentativa de resgate simplesmente impossível".

Poucos que estavam a bordo sobreviveram ao pular do dirigível um segundo antes que ele atingisse o solo, e mesmo os sobreviventes tiveram ferimentos graves. A maioria da tripulação do *Roma* ficou presa dentro da aeronave e não teve chance. O capitão Dale Mabry, um aviador experiente, e outras 33 pessoas morreram nas chamas.

Em retrospecto, a queda do *Roma* pode ser considerada o fim do sonho de dirigíveis gigantes circundando o mundo e inaugurando uma era de viagens emocionantes e glamorosas. Ainda se insistiu no projeto, inclusive no próprio Imperial Airways Scheme, mas logo novas quedas de dirigíveis foram sendo noticiadas.

O dirigível britânico *R101* caiu na França em seu primeiro voo para o exterior, em 1930, matando 48 dos 54 passageiros a bordo, dentre eles Lorde Thompson, na época ministro da aviação. O governo abandonaria o desenvolvimento desse tipo de aeronave no ano seguinte. Em 1937, o dirigível alemão *Hindenburg* pegou fogo enquanto tentava atracar em uma estação aérea de Nova Jersey. Treze passageiros e 22 membros da tripulação morreram na hora da explosão. A confiança do público na segurança dessas aeronaves foi fortemente abalada. Chegava ao fim a era dos dirigíveis gigantes.

Nick Rennison

## Quem matou Bill Taylor?

No início da década de 1920, em toda a América e ao redor do mundo, Hollywood não só via sua reputação de extravagante crescer, como também se tornava sinônimo de pecado e decadência. Para muitos norte-americanos, Hollywood era uma fábrica de sonhos; para outros, uma Babilônia moderna localizada no coração da Califórnia. Os acontecimentos de 1922 não ajudaram em nada a atenuar essa impressão. Pelo contrário, só a reforçá-la. Hollywood era cada vez mais vista como um antro de bebidas, drogas e sexo. Em geral, era isso mesmo. Apesar da Lei Seca, o álcool circulava livremente ali. Como era de se imaginar, muitos dos belos homens e das belas mulheres que apareciam na tela se revezavam uns nas camas dos outros. E drogas de todos os tipos estavam sempre disponíveis. Algumas carreiras e vidas foram destruídas por causa disso. Wallace Reid tivera papéis significativos nos épicos pioneiros de D. W. Griffith, *O nascimento de uma nação* e *Intolerância*, e se tornara um dos galãs de Hollywood — "o homem mais perfeito da tela", foi como o chamou uma revista especializada em cinema muito lida na época. Em 1922, Reid era dependente de morfina, um vício que supostamente era fomentado e agravado pelos chefes do estúdio, que o encorajavam a usar drogas para que ele não parasse de trabalhar. Reid morreria em uma clínica de reabilitação em janeiro de 1923, aos 31 anos.

Drogas, bebidas e promiscuidade eram mantidas em segredo. Com homicídio era outra história. O assassinato de um proeminente diretor de Hollywood não podia ser mantido fora dos jornais. William Desmond Taylor era filho da pequena nobreza anglo-irlandesa. Educado em escola pública, ele viajara para a América do Norte ainda jovem. Entrara na indústria cinematográfica como ator, mas rapidamente tinha se tornado um dos melhores diretores do mercado — ao longo de sua carreira, trabalhou em mais de cinquenta filmes. No início da manhã de 2 de fevereiro de 1922, seu corpo foi encontrado caído no chão da sala de seu bangalô em Los Angeles. Um homem que alegou ser médico o examinou e disse que ele tinha morrido de hemorragia estomacal. Depois disso, o "médico" desapareceu na multidão de curiosos que se reunira em volta da casa e nunca mais foi visto. Quando o corpo de Taylor foi virado e ficou claro que ele tinha levado um tiro nas costas algumas horas antes, imediatamente suspeitaram das credenciais do tal médico. O diretor, na verdade, tinha sido assassinado.

Embora os relatos comprovem que Taylor era uma figura popular em Hollywood, não faltaram candidatos a suspeitos. Seu ex-criado Edward Sands, um homem de muitos pseudônimos e com antecedentes criminais, era um deles, mas ele desaparecera no dia do homicídio, e a polícia nunca conseguiu encontrá-lo. Henry Peavey, que substituíra Sands como criado de Taylor, também levantou suspeitas, mas logo a polícia comprovou que ele não era o assassino. (Uma repórter muito criativa, convencida de que Peavey era o assassino, descobriu que o criado tinha medo de fantasmas e convenceu um amigo a se passar por Taylor, que teria retornado do além para assombrá-lo. A ideia era assustar Peavey e obrigá-lo a confessar. Mas o homem só riu na cara do suposto fantasma do patrão.)

O mais inacreditável para os leitores dos jornais de todo o país foi o possível envolvimento de duas estrelas do cinema no assassinato. Mabel Normand, que coestrelara com Chaplin em vários de seus primeiros filmes, era uma amiga próxima de Taylor e a última pessoa a vê-lo vivo. Ela foi interrogada pela polícia e considerada suspeita por um breve momento, mas logo a hipótese foi colocada de lado. A carreira dela, no entanto, sofreu o golpe. Seu envolvimento pontual em outro escândalo dois anos depois, quando seu motorista atirou e feriu um milionário do petróleo, não a ajudou. Ela só faria mais alguns filmes antes de sua morte, em 1930, aos 37 anos. Alguns dias antes de morrer, dizem que ela perguntou a um amigo: "Você acha que vão descobrir quem matou Bill Taylor?"

Mary Miles Minter era uma ex-celebridade infantil que aparecera em inúmeros filmes que Taylor dirigira. Cartas de amor que ela escrevera a ele foram encontradas na casa do diretor depois de sua morte. Não se sabe se os dois chegaram a ter um envolvimento. Havia uma diferença de trinta anos entre eles, e ele pode ter sido mais uma figura paterna para ela do que um amante. A mãe dominadora de Minter, a atriz da Broadway Charlotte Shelby, também foi considerada, por um tempo, suspeita da morte de Taylor. Ela promovera a carreira da filha com nervos de aço e a superprotegia, mesmo quando Minter era uma adulta. Há relatos de que ela já ameaçara outros homens que haviam demonstrado algum interesse amoroso pela filha. Uma vez, dizem, a teriam ouvido gritar para Taylor: "Se eu pegar você andando perto da Mary de novo, vou explodir seus malditos miolos!" Quem acompanhava o caso de perto afirmava que a misteriosa figura, um homem com "andar afeminado", que uma das testemunhas vira fora do bangalô de Taylor na noite anterior ao assassinato, era Shelby vestida com roupas masculinas. Nada jamais foi provado. De fato, nenhuma teoria sobre a morte de Taylor — e havia muitas — jamais se mostrou algo além disso: uma teoria. A resposta para a pergunta de Mabel Normand pode muito bem ser: "Não… nunca vão".

## Chauri Chaura

Em 4 de fevereiro, na cidade indiana de Chauri Chaura, e no que hoje é o estado de Uttar Pradesh, manifestantes entraram em confronto com a polícia. No início da década de 1920, o movimento nacional de não cooperação de Mahatma Gandhi, que

**1922** | Fevereiro

usava meios pacíficos para desafiar o governo e ajudar a Índia a alcançar sua independência definitiva, ganhava força em todo o país. Espalhou-se até mesmo em cidades pequenas como Chauri Chaura, onde, no começo do mês, voluntários que trabalhavam para o movimento, liderados pelo soldado reformado Bhagwan Ahir, manifestaram-se contra o alto preço dos alimentos. A polícia respondeu espancando Ahir e vários outros manifestantes. Como era de esperar, isso apenas serviu para inflamar o protesto. No sábado seguinte, 4 de fevereiro, uma multidão marchou até a delegacia de polícia local contra a repressão policial. Também havia planos de fazer piquetes no bazar local. Avisado com antecedência dos planos dos manifestantes, o chefe de polícia de Chauri Chaura pediu às cidades próximas que mandassem reforços.

A ideia era intimidar a multidão a ponto de evitar que ela chegasse ao bazar. Não deu certo. Os ânimos ficaram cada vez mais acirrados, pedras foram arremessadas na polícia, e um oficial deu ordem para os policiais atirarem no ar. Algumas pessoas da multidão, sem saber que os tiros tinham sido de advertência e não direcionados, acharam que as balas, milagrosamente, não tinham mais poder de matar. Um grito de "As balas se transformaram em água pela graça de Gandhi!" foi ouvido, enquanto os tiros de advertência eram ignorados. A multidão continuava se aproximando dos policiais, agora sitiados. Em pânico, eles voltaram suas armas para a massa de manifestantes. Três pessoas foram mortas e outras, feridas. Sem se deixar abater, os manifestantes continuaram a avançar, e a polícia, em grande desvantagem numérica, bateu em retirada para a delegacia, onde se trancaram. A multidão jogou querosene nas paredes do prédio e ateou fogo nele. Presos nas chamas, pelo menos 22 policiais, incluindo o comandante da delegacia, morreram.

No anoitecer de 4 de fevereiro, a multidão se dispersou, mas tanto as autoridades quanto os nacionalistas deram uma rápida resposta às mortes causadas. Casas foram invadidas e prisões foram feitas. Devdas Gandhi, filho do líder nacionalista, chegou a Chauri Chaura e criou um fundo de apoio para oferecer ajuda monetária àqueles de ambos os lados do conflito e para "expiar esse incidente repentino e infeliz".

O próprio Gandhi, a inspiração por trás do movimento de não cooperação e defensor veemente de protestos não violentos, ficou chocado com o que aconteceu. Ele se sentia parcialmente responsável, e, como penitência, jejuou por cinco dias. Gandhi também propôs a suspensão total da desobediência civil em massa, o que, uma semana depois dos incidentes em Chauri Chaura, foi decretado em toda a Índia.

## UM aSsassinaTo na FInlânDIa

Em 14 de fevereiro, o ministro do Interior da Finlândia, Heikki Ritavuori, foi morto a tiros do lado de fora de sua casa em Helsinki. Nos anos imediatamente posteriores à Primeira Guerra Mundial, a Finlândia saíra de um longo período como parte do Império Russo. Depois de uma curta guerra civil e de um flerte com a monarquia, o país era agora uma república independente. Ressentimentos e divisões da guerra de 1918 entre facções de direita e de esquerda ainda persistiam no início da década de 1920. Ritavuori, que mudara seu nome original, Rydman, em 1906, para um que enfatizasse sua nacionalidade finlandesa e, por conseguinte, seu comprometimento com a causa da independência da Finlândia, era um membro liberal do parlamento. Próximo de Kaarlo Staahlberg, primeiro presidente da recém-constituída república, Ritavuori tornara-se o alvo favorito dos propagandistas de direita que não gostavam das políticas de ambos os homens. Uma das testemunhas do assassinato foi Gerda Ryti, esposa de um futuro presidente finlandês, que disse ter visto um "homem gordo" disparar três tiros contra o ministro.

O homem gordo era Knut Ernst Tandefelt, de 45 anos, descendente de uma família aristocrática que falava a língua sueca. A saúde mental de Tandefelt fora muito prejudicada por suas experiências na prisão russa durante a Primeira Guerra Mundial. Submetido à tortura, ele estava completamente destruído quando fora solto, no entanto parecia ter conseguido colocar sua vida em ordem novamente. Mas acabou sendo persuadido pela imprensa conservadora de que Ritavuori era um perigo para o país. Ele resolveu, então, que o ministro tinha que morrer. Às cinco da tarde do dia 14 de fevereiro, ele seguiu Ritavuori, que ia a pé para casa, e tirou a arma do bolso no instante em que o ministro estava com a mão na maçaneta da porta. O revólver ficou preso no casaco de Tandefelt, e ele estava prestes a (literalmente) dar um tiro no próprio pé quando conseguiu soltar a arma e disparar três tiros contra Ritavuori, atingindo seu coração e seus pulmões. Ao fugir da cena do crime, foi perseguido, mas logo se rendeu, e não tentou negar seu ato. Embora houvesse fortes suspeitas de que fora coagido por alguém que queria Ritavuori fora do caminho, Tandefelt afirmou em seu julgamento que tinha agido sozinho. Apesar de um exame médico ter lançado dúvidas sobre sua sanidade, Tandefelt foi sentenciado a doze anos de trabalhos forçados. Ele morreria em um asilo psiquiátrico em 1948.

## A independência do Egito

Embora o final do período vitoriano seja normalmente visto como o apogeu do Império Britânico, foi na verdade em 1919 que ele atingiu sua maior extensão territorial. Com a aquisição das colônias germânicas depois da Primeira Guerra Mundial, ele se tornou o império onde, literalmente, o sol jamais se punha. Em nenhum momento do dia o sol deixava de brilhar sobre algum ponto do território britânico. Mesmo assim, o maior império que o mundo já conhecera começou a encolher praticamente logo em seguida, pois, em 1922, ele perdia o Egito.

Os britânicos haviam estabelecido um protetorado sobre o Egito depois da vitória na Guerra Anglo-Egípcia de 1882, e, embora não fizesse formalmente parte do império, ele estava, de fato, sob domínio britânico. Por mais de vinte anos, o mais poderoso homem do Egito fora Evelyn Baring, conde de Cromer e cônsul-geral britânico do país. No rescaldo da Primeira Guerra, com Baring morto havia alguns anos (ele renunciou ao cargo em 1907 e morreu dez anos depois), as demandas pela independência egípcia — lideradas pelo partido Wafd e seu líder, Saad Zaghloul — cresciam. Protestos em massa em 1919 se transformaram em tumultos, que foram brutalmente reprimidos, com centenas de manifestantes mortos. Esforços de ambos os lados para resolver a situação não deram em nada. Zaghloul foi preso e exilado, primeiro em Malta e depois nas Ilhas Seychelles. A lei marcial, que havia sido imposta de forma intermitente no país desde 1914, foi oficializada no final de 1921. No entanto, com a crescente violência no Cairo e em todas as partes do país, algum tipo de solução se fazia necessário. O visconde Allenby, alto comissário especial no Egito, apresentou um conjunto de propostas para chegar a um acordo.

Em 28 de fevereiro de 1922, o governo em Londres aceitou as propostas de Allenby, e o Egito conseguiu independência nominal. Os britânicos emitiram a Declaração Unilateral de Independência do Egito, na qual declaravam que "o protetorado britânico sobre o Egito terminou", e o Egito era agora "um Estado soberano independente". No mês seguinte, o sultão se tornou o rei Fuad I. Zaghloul, e os nacionalistas foram libertados do exílio nas Ilhas Seychelles — no ano seguinte, eles retornariam ao Egito. Zaghloul foi eleito primeiro-ministro do Egito em janeiro de 1924, mas, na realidade, as rédeas do poder ainda estavam nas mãos dos britânicos, que ainda podiam interferir nos assuntos do país se sentissem que os interesses do império estavam ameaçados. A maior preocupação dos britânicos era a de continuar controlando o canal de Suez, vital para o comércio e a comunicação imperiais, e impedir que seu controle fosse ameaçado por potências rivais. A Declaração Unilateral reservava quatro áreas específicas, onde os britânicos podiam continuar a fazer o que quisessem: salvaguardar a comunicação do império; defender o Egito contra ataques estrangeiros; proteger os interesses estrangeiros e as minorias; e vigiar o Sudão, que estava sob controle anglo-egípcio.

# Março

Rio de Janeiro
Alfred Hitchcock
Insubordinação
Nosferatu
Boston Red Sox
Drácula
Oscar
Fernando de Noronha
Mahatma Gandhi
Satyagraha
Anti-Semitas

A indústria cinematográfica europeia e Hollywood competem entre si. Na Alemanha republicana, surgem dois importantes diretores de cinema, e o primeiro grande filme de vampiros é lançado. Um lendário jogador de beisebol assina um novo contrato com os Yankees. Depois de liderar um movimento de desobediência civil em massa, Mahatma Gandhi é preso e acusado de insubordinação. Dois ousados pilotos portugueses sobem a bordo de um hidroavião e decolam do rio Tejo, em Lisboa, em direção ao Brasil. Em uma região remota da Baviera, uma série de assassinatos chocantes acontece em uma fazenda. Nos Estados Unidos, F. Scott Fitzgerald e Zelda Fitzgerald se tornam ícones da era do jazz. Em Berlim, o pai de um futuro escritor morre acidentalmente durante uma tentativa de assassinato.

## O cinema EUropeu E fILmeS de vampiro

Não era só Hollywood que fazia filmes. O cinema, a arte mais popular do século XX, vicejava em vários lugares do mundo. Na Grã-Bretanha, um jovem gorducho de Leytonstone, que começara na indústria cinematográfica três anos antes trabalhando como designer de letras de filmes mudos para o Islington Studios, em Hoxton, estava prestes a ingressar na carreira de diretor. Ele era ninguém menos que Alfred Hitchcock.

A maioria dos biógrafos de Hitchcock concorda que o primeiro projeto no qual ele assumiu a cadeira de diretor, ainda aos vinte e poucos anos, foi no filme *Number 13*, de 1922. O filme, a princípio bancado pela Gainsborough Pictures, teve problemas de orçamento e foi suspenso quando o dinheiro parou de entrar. As poucas cenas que Hitchcock conseguira filmar foram todas perdidas. Mais tarde, ele destacaria que foi "uma experiência um tanto pedagógica". No mesmo ano, ele também pode ter contribuído para o curta-metragem, hoje quase perdido, *Sempre conte à sua esposa*.

O bem conhecido ator e empresário Seymour Hicks ia estrelar uma série de comédias de dois rolos, da qual esse seria o primeiro curta. A série seria dirigida por um homem chamado Hugh Croise, mas Croise ou ficou doente ou se desentendeu com o protagonista. O projeto estava prestes a ser cancelado quando, nas palavras de Hicks, "um jovem gordo que era responsável pelo acervo dos objetos cenográficos se ofereceu para me ajudar". O jovem gordo era, é claro, Hitchcock. Os dois dirigiram juntos o filme, mas poucas cenas foram encontradas. Não se sabe quais delas eram obra de Hitchcock, se é que alguma fosse, e ninguém tem certeza se o filme foi apresentado ao público.

Na França, diretores como Julien Duvivier e Jacques Feyder, que teriam carreiras longas e produtivas, estavam começando a filmar seus primeiros filmes. No início da década de 1920, a Itália, país onde surgiram alguns dos maiores clássicos dos primeiros anos da era do cinema mudo, assistia ao declínio de seu cinema, embora grandes coproduções com estúdios norte-americanos como *Nero*, de 1922, ainda chegassem às telas. A indústria cinematográfica da Escandinávia prosperava com o diretor dinamarquês Carl Theodor Dreyer e com os suecos Mauritz Stiller e Victor Sjöström. Fora da Europa, estúdios de filmagem eram inaugurados no Japão, onde eram feitos filmes cada vez mais ambiciosos; na Índia, os primeiros filmes do que se tornaria Bollywood chegavam às telas.

Mas era na Alemanha que alguns dos filmes mais audazes e inovadores eram produzidos. Dois diretores, em particular, davam renome mundial à criatividade do cinema da República de Weimar. Nascido em Viena, em 1890, Fritz Lang lutara na Primeira Guerra Mundial e logo depois fora seduzido pela florescente indústria cinematográfica.

Passando rapidamente de roteirista para diretor, ele trabalhava com sua futura esposa, a roteirista Thea von Harbou, na criação de filmes que misturavam gêneros populares com designs e temas expressionistas, como *O gabinete do dr. Caligari*, de Robert Wiene. (Lang fora, na verdade, a primeira escolha para dirigir este filme que, na época, quebrou padrões, mas teve que recusar o trabalho por causa de outros compromissos.) Seu *dr. Mabuse, o jogador*, lançado em duas partes — em abril e maio de 1922 —, com roteiro dele e de Von Harbou, era um épico de quatro horas sobre um gênio do crime, baseado em um romance de Norbert Jacques, autor luxemburguês que morava na Alemanha. Lang voltou ao

1922 | Março

dr. Mabuse várias vezes ao longo de sua carreira. *Os mil olhos do dr. Mabuse*, de 1960, seria seu último filme. Lang trabalhou durante os anos da República de Weimar, quando dirigiu clássicos como *Metrópolis* e *M., o vampiro de Dusseldorf*. Deixou a Alemanha logo depois que os nazistas assumiram o poder, seguindo primeiro para Paris e depois para Hollywood.

    Dois anos mais velho do que Lang, F. W. Murnau (nascido Friedrich Wilhelm Plumpe) era obcecado por filmes desde a época em que estudara na Universidade de Berlim. Lutara na Primeira Guerra Mundial como membro da Força Aérea do Exército Imperial Alemão e realizara missões nas trincheiras, antes de ser obrigado a fazer um pouso de emergência na Suíça, território neutro. Lá ele fora detido e passara o restante da guerra em um campo de prisioneiros. Com o armistício, Murnau colocou na cabeça que queria fazer filmes. *O garoto vestido de azul*, sua estreia, foi lançado em 1919 — hoje existem poucos fragmentos dele. Ele então uniu forças ao ator Conrad Veidt (que logo seria uma grande estrela na Alemanha, e mais lembrado pelo público de língua inglesa como o major nazista Strasser, do clássico de Hollywood *Casablanca*) para produzir vários outros filmes, a maioria deles agora perdidos. Dentre eles, *A cabeça de Janus*, uma versão da história de Jekyll e Hyde em que o até então desconhecido ator húngaro Bela Lugosi faz um pequeno papel.

    O dia 4 de março de 1922 assistiu ao lançamento daquele que ainda é o filme de Murnau mais conhecido — *Nosferatu: Uma sinfonia do terror*, que estreou no Salão de Mármore do Jardim Zoológico de Berlim —, a primeira grande história de vampiro do cinema. (No ano anterior, um filme intitulado *A morte de Drácula*, hoje perdido, fora feito na Hungria, mas tinha só uma hora de duração, o que limitava a distribuição. Além disso, exceto pelo nome, ele aproveitava muito pouco de *Drácula*, o romance de 1897 de Bram Stoker.) Oito anos mais tarde, o crítico de cinema norte-americano Roger

57

Ebert ainda descrevia *Nosferatu* como "o melhor de todos os filmes de vampiros", dizendo que "a força de seu mistério só aumenta com a idade". O filme de Murnau era claramente baseado no livro de Stoker, mas, por causa de dificuldades relacionadas a direitos autorais, o nome do filme e dos personagens tiveram que ser mudados e a trama, significativamente alterada. O conde Drácula virou conde Orlok, Jonathan Harker virou Thomas Hutter e, embora o castelo de Orlok também estivesse na Transilvânia, grande parte da ação do filme não acontece em Whitby, como no livro, mas na cidade alemã fictícia de Wisborg.

A aparência extraordinária de Max Schreck, o ator que interpreta Orlok, com o rosto cadavérico, a cabeça calva, as orelhas iguais às de um morcego e as unhas compridas, só adiciona mais camadas a um filme que ainda tem a capacidade de causar um arrepio na espinha das pessoas um século depois de seu lançamento. (Por uma feliz coincidência, "Max Schreck" em alemão pode significar algo como "medo extremo".) Mas, mesmo com as alterações, a viúva e os outros herdeiros de Bram Stoker não descansaram. Eles abriram um processo contra Murnau, na tentativa de impedir a distribuição do filme, e muitas cópias foram destruídas por ordem da Justiça. Algumas cópias, que já tinham sido despachadas mundo afora, sobreviveram às chamas, e a admiração por *Nosferatu* só cresceu conforme as décadas passaram.

Assim como Lang — vários anos antes de Lang, na verdade —, Murnau também trocou a Alemanha por Hollywood. Ele chegou na Califórnia em 1926, e seu primeiro filme norte-americano, *Aurora*, embora não tenha sido um sucesso comercial, foi premiado pela Academia na categoria "Melhor filme único e artístico" na primeira cerimônia do Oscar. (Essa curiosa categoria só existiu essa vez.)

Em 1931, sete dias antes da estreia de seu último filme, *Tabu* (que em inglês traz o subtítulo *A Story of the South Seas* [Uma história dos mares do sul]), Murnau morreu em um acidente de carro. O adolescente filipino Garcia Stevenson, criado do diretor, que dirigia o veículo, saiu ileso. Rumores em Hollywood sugeriam que Stevenson tinha se distraído ao volante porque Murnau, que era homossexual, estaria fazendo sexo oral nele no momento.

## Babe Ruth assina um Novo contrato

Em 1922, o beisebol norte-americano estava no esplendor. Embora o esporte ainda estivesse se recuperando do escândalo de manipulação de jogo em 1919 — em que oito membros do Chicago White Sox, incluindo o lendário "Shoeless" Joe Jackson, foram acusados de facilitar a vitória para o time adversário durante o campeonato mundial daquele ano —, eram tempos em que gigantes do beisebol estavam em quadra.

O nome de muitos jogadores da década de 1920 ressoam ainda hoje entre os fãs do esporte. Jackson e seus colegas de time tinham caído em desgraça, mas havia vários outros heróis para se admirar. Ty Cobb, apelidado de Georgia Peach, era uma estrela desde que jogara no Detroit Tigers, ainda adolescente, em 1905. Nessa época, ele já era um veterano, mas ainda capaz de vencer os mais novos no jogo. Outros grandes nomes eram "Gorgeous" George Sisler, Rogers Hornsby e Pie Traynor. O maior de todos eles, e talvez o jogador mais famoso da história do beisebol até hoje, era Babe Ruth.

George Herman "Babe" Ruth nascera em Baltimore, em 1895. Filho de um taberneiro de ascendência alemã (quando criança, a futura estrela do esporte falava alemão em casa), estreara no beisebol profissional quando era adolescente, jogando para o Baltimore Orioles, time da série B. Quando, em 1914, se junta ao Boston Red Sox, Babe Ruth era admirado principalmente por seu talento como arremessador, mas não demorou muito para seu dom

Nick Rennison

de rebater uma bola aparecer. Em 1919, sua última temporada antes de sair de Boston para se juntar ao New York Yankees, ele acertara 29 *home runs* e fora aclamado como a mais nova estrela do esporte. Logo na primeira temporada com o novo time, ele atingiu a marca memorável de 54 *home runs*, dez a mais do que o recorde anterior para uma única temporada, e no ano seguinte chegou a 59. Ele só podia ser descrito de uma maneira: um fenômeno.

Em 6 de março de 1922, Ruth assinou um novo contrato de três anos com os Yankees, no valor de 52 mil dólares por ano, uma cifra espantosa para a época. Era mais que o dobro do que já tinha sido pago a qualquer outro jogador de beisebol antes, representando 40% da folha de pagamento dos jogadores do time. Tudo isso apesar do fato de, na época, ele ter sido suspenso dos jogos por ter participado de amistosos no outono do ano anterior, o que era proibido pelas regras da série A. Mas Ruth não estava arrependido. Tudo o que tinha feito, disse, foi dar aos fãs de beisebol "uma oportunidade de ver os grandes jogadores em ação" — e, é claro, ganhar um ou dois dólares a mais.

Ruth sempre foi um homem difícil de lidar. Comia e bebia demais, e seu peso aumentou de forma alarmante ao longo da carreira. Ele também era um mulherengo convicto. Seu temperamento, dentro e fora de campo, era sempre imprevisível. Durante um jogo, no fim de maio de 1922, ele jogara terra no árbitro e, quando um espectador começou a provocá-lo das arquibancadas, Ruth deixou o campo e correu atrás dele. Depois do jogo, Ruth não demonstrou nenhum arrependimento. "Eles podem vaiar e gritar o quanto quiserem", disse ele para um repórter, "mas, quando alguém me xinga da arquibancada e fica violento, eu não vou deixar isso quieto. Esse cara de hoje, quem quer que seja, me xingou de tudo quanto é nome, fiquei puto [...]. Eu faria tudo de novo, se precisasse". E disse mais: "Não joguei terra na cara do árbitro. Não pegou na cara, pegou na manga".

1922 | Março

## O julgamento de Gandhi

A Grã-Bretanha até podia se mostrar disposta a abrir mão de um pouco do controle que tinha sobre o Egito (veja Fevereiro), mas uma prisão e um julgamento ocorridos em março de 1922 demonstraram que sua resistência aos clamores pela independência da Índia não tinha esmorecido em nada.

No início da década de 1920, a pedra no sapato de Raj (o domínio britânico no subcontinente indiano), a que mais o incomodava, era Mahatma Gandhi. Nascido em Gujarat, Gandhi estudara direito em Londres, e morara um tempo na África do Sul, onde participara das manifestações pelos direitos civis de indianos submetidos à discriminação racial. De volta à Índia em 1914, aos 45 anos, ele se engajara na luta pela independência, juntando-se ao partido Congresso Nacional Indiano e defendendo a resistência pacífica contra o governo britânico.

Em 1920, Gandhi deu início ao movimento de não cooperação, uma resposta à crescente repressão legislativa e ao infame massacre de Jallianwala Bagh no ano anterior, em que tropas do Exército da Índia britânica, sob o comando do general-brigadeiro Reginald Dyer, abrira fogo contra uma multidão desarmada em Amritsar, matando mais de 350 pessoas. Exercitando os princípios da *satyagraha*, uma forma gandhiana de desobediência civil, o movimento de não cooperação foi ganhando adeptos em toda a Índia. Cada vez mais as autoridades britânicas viam Gandhi como uma ameaça à estabilidade do governo.

Em 10 de março de 1922, ele foi preso e levado a julgamento por insubordinação. Seu crime, as autoridades diziam, foram os três artigos que escrevera para o jornal *Young India*, e elas o acusavam de "tentar provocar insatisfação contra o governo de Sua Majestade, estabelecido por lei na Índia britânica". Ele compareceu diante do tribunal vestido da forma habitual, com o tecido que hoje associamos à sua imagem e se tornou símbolo da luta indiana pela independência, o *khadi*. Sarojini Naidu, poeta, ativista política e advogada pelo direito das mulheres, viu todos os presentes levantarem-se, "em um ato espontâneo de homenagem", quando Gandhi entrou.

Segundo Naidu, ele olhou ao redor do tribunal antes de dizer: "Isso parece mais uma reunião familiar do que um tribunal de Justiça." Gandhi não disse, em nenhum momento, que era inocente. "Não tenho desejo algum", anunciou ele, "de esconder deste tribunal o fato de que pregar a insatisfação em relação ao atual sistema de governo se tornou quase uma paixão para mim." Ele acabou se assumindo culpado, mas, em uma declaração comovente, explicou os motivos de suas ações e palavras. "Não tenho má vontade contra qualquer administrador", disse ele, "muito menos qualquer descontentamento em relação ao rei. Mas considero a insatisfação com esse governo, que causa mais danos para a Índia do que qualquer sistema anterior, uma virtude."

Em sua resposta, o juiz Broomfield, descrevendo Gandhi como alguém "diferente de qualquer pessoa que já julguei", foi muito obsequioso ao elogiar o homem que estava prestes a julgar. "É impossível", declarou ele, "ignorar o fato de que, aos olhos de milhões de outros indianos, você é um grande patriota e um grande líder. Mesmo aqueles que divergem de suas opiniões políticas o veem como um homem de grandes ideais e nobreza, um santo até." Apesar de sua declaração, Broomfield sentenciou Gandhi a seis anos de prisão, acrescentando que, se alguma autoridade superior mais tarde decidisse reduzir a pena, "ninguém ficaria mais satisfeito do que eu".

Enquanto um pequeno número de amigos e seguidores que tinha recebido permissão para entrar no edifício pegava suas mãos e caía diante de seus pés, Mahatma Gandhi, sorrindo, foi levado do tribunal para a prisão de Sabarmati, em Ahmedabad.

1922 | Março

Mais tarde, naquele mesmo mês, ele seria transferido para a prisão central de Yerwada, em Pune, de onde sairia em fevereiro de 1924, menos de dois anos depois do início de sua sentença, por problemas de saúde.

## Estrelas do futuro

Em 15 de março, no Ambassador Hotel, em Los Angeles, ocorreu pela primeira vez um evento que seria parte do calendário de Hollywood por mais de uma década. Fred Niblo, diretor da Associação Ocidental de Anunciantes de Cinema (Western Association of Motion Picture Advertisers, WAMPAS) — e responsável pelo grande sucesso de Rodolfo Valentino em *Sangue e areia* naquele mesmo ano —, deu uma grande festa. (A título de curiosidade, era Niblo quem dirigiria a versão para o cinema mudo de *Ben-Hur*, três anos depois.)

Os nomes mais importantes e emblemáticos de Hollywood estiveram presentes na festa e, pela primeira vez, foi anunciada a lista das "*WAMPAS Baby Stars*", jovens que a associação acreditava estarem destinadas ao sucesso. Poucas atrizes incluídas nessa lista são lembradas nos dias de hoje, exceto pelos devotos do cinema mudo. Provavelmente, as mais conhecidas são Bessie Love, que continuaria tendo pequenos papéis em filmes sessenta anos mais tarde, e Colleen Moore, apelidada "a queridinha dos Estados Unidos" na época.

A lista foi feita anualmente até 1934. A maioria das atrizes presentes nela foi esquecida, mas algumas acabaram, de fato, se tornando grandes estrelas. Fay Wray, a mulher que é sequestrada por King Kong no filme de 1933, e Joan Crawford estavam na lista de 1926; Ginger Rogers, alguns anos antes de sua parceria com Fred Astaire, estava na de 1932.

Nick Rennison

## Um voo para o Rio

Ao longo de 1922, todo tipo de recorde de aviação foi quebrado. Dois pilotos da Marinha portuguesa, Gago Coutinho e Sacadura Cabral foram os primeiros a atravessar de hidroavião o Atlântico Sul, viajando mais de 8 mil quilômetros de Lisboa até o Rio de Janeiro em várias etapas, entre março e junho de 1922. Eles decolaram no *Fairey* em 30 de março, na esperança de ganhar um prêmio em dinheiro que o governo português estava oferecendo a quem conseguisse fazer o primeiro voo entre essas duas cidades.

Embora tenha sido um voo histórico, é claro que os dois tiveram alguns contratempos. Eles aterrissaram em Las Palmas, nas Ilhas Canárias, sem qualquer problema, mas o tempo ruim os obrigou a adiar a viagem para Cabo Verde por vários dias. Como o tempo custou a melhorar, eles só conseguiram decolar novamente em 17 de abril. Nesse meio-tempo, acabaram perdendo o prêmio — as regras estipulavam que a viagem não poderia demorar mais que uma semana —, mas estavam determinados a ir até o fim e chegar ao Rio.

A próxima parada era o pequeno conjunto de ilhotas rochosas conhecido como Arquipélago de São Pedro e São Paulo, a quase mil quilômetros da costa nordeste do Brasil. Eles não tinham certeza se conseguiriam localizar as pequenas ilhas no vasto oceano. Cabral escreveria mais tarde que "devíamos estar a pouco mais de mil quilômetros do arquipélago e só tínhamos combustível para umas oito horas e meia de voo [...]. A coisa mais lógica e prudente a se fazer era desistir, mas isso causaria uma péssima impressão".

Então seguiram em frente e, depois de um tempo, conseguiram localizar o arquipélago, mas, enquanto lutavam para aterrissar no mar bravio, o hidroavião acabou sendo danificado e começou a afundar. Um barco de resgate teve que ir pegá-los, e os levou para Fernando de Noronha, um grupo de ilhas mais próximo da costa brasileira. Lá esperaram que um avião substituto fosse despachado de Portugal.

O novo avião chegou em 6 de maio, e os pilotos logo embarcaram para a última etapa da viagem. Foi um desastre completo. Os motores falharam durante uma tempestade feroz, e eles foram obrigados a fazer um pouso de emergência no oceano. Flutuando na água, o avião foi imediatamente cercado de tubarões. "Quando eles perceberam que o avião não era comestível, foram embora", contou Coutinho. Os dois homens ficaram à deriva por nove horas até que um navio britânico os resgatou e os levou de volta a Fernando de Noronha. Tanta era a obstinação deles que Coutinho e Cabral esperaram pela chegada de um terceiro avião e retomaram a viagem em 5 de junho. Doze dias mais tarde, através de uma série de voos curtos pela costa brasileira, finalmente chegaram ao Rio de Janeiro. Foram 79 dias. Desse tempo, tinham passado pouco mais de sessenta horas realmente no ar.

## Assassinatos na Baviera

Hinterkaifeck era o nome de uma fazenda isolada perto de Waidhofen, na Baviera. Em 1922, ali moravam Andreas Gruber e sua esposa Cäzilia, bem como Viktoria, a filha viúva do casal, e os dois filhos dela (Cäzilia, de sete anos, e Josef, de dois), e uma empregada recém-contratada chamada Maria Baumgartner.

No fim de março de 1922, todos os seis moradores foram assassinados por um ou mais assaltantes. Eles foram mortos a golpes de picareta, sobretudo na cabeça, e uma parte dos corpos fora empilhada no celeiro. Andreas Gruber não era um homem muito popular entre a vizinhança, e sua família era muito problemática. Havia muito tempo que ele estava envolvido em um relacionamento incestuoso com a própria filha, cujo marido fora morto na Primeira

Guerra Mundial. Diziam pela cidade que Josef era, na verdade, filho de Andreas, mas havia também quem dissesse que o garoto era fruto de um relacionamento entre Viktoria e o prefeito da cidade, Lorenz Schlittenbauer. O prefeito teria pedido Viktoria em casamento, mas Andreas não só teria negado seu consentimento, como teria expulsado Schlittenbauer com uma foice quando ele fora visitar a moça.

Algum tempo antes de ser morto, Andreas Gruber tinha reclamado com os vizinhos de coisas estranhas que estavam acontecendo em sua fazenda. O gado estava desaparecendo, e ele tinha certeza de que ouvira um barulho no sótão, como se alguém estivesse andando ali dentro. No entanto, quando fora investigar, não havia encontrado nada. Sugeriram a ele que procurasse a polícia, mas ele se recusou: "Sei como me defender", dissera Andreas. Os acontecimentos provaram que ele não podia estar mais enganado.

Os corpos da família Gruber e da empregada só foram descobertos dias depois. Embora os moradores estranhassem a ausência deles — por exemplo, na igreja para onde eles sempre iam —, a agressividade de Andreas não encorajava visitas dos vizinhos. Foi só em 4 de abril que três homens, com Lorenz Schlittenbauer à frente, foram à fazenda e entraram no celeiro. Lá encontraram Andreas, sua esposa, sua filha e sua neta, mortos e largados no feno. Os corpos de Josef e da desafortunada empregada, Maria, que começara a trabalhar na fazenda um dia antes, estavam dentro da casa. Tudo isso já era horrível o bastante, mas havia um detalhe macabro a mais: indícios apontavam que o assassino (ou assassinos) tinha passado três dias na fazenda depois de massacrar a família. Enquanto os corpos estavam largados no celeiro, ele (ou eles) se assegurou de alimentar e ordenhar as vacas e de comer o que havia na despensa.

A polícia suspeitava de várias pessoas, incluindo Lorenz Schlittenbauer, o frustrado pretendente de Viktoria, e Josef Barrtl, invasor reincidente que passara um tempo em um asilo psiquiátrico. Alguns suspeitos ficavam presos por um tempo e depois eram soltos por falta de evidências. Schlittenbauer, antes de morrer em 1941, processou um indivíduo que o descrevera como "o assassino de Hinterkaifeck". Nenhum dos suspeitos, no entanto, foi levado a julgamento, e o caso continua sem solução. Na Alemanha, o crime é famoso até hoje. O romance de Anna Maria Schenkel, *The Murder Farm* [A fazenda da morte], publicado em 2006, virou um *best-seller*, e uma adaptação cinematográfica foi lançada três anos depois.

## Os belos e malditos

Nas palavras do cantor e compositor Hoagy Carmichael, "o mundo pós-guerra chegou com uma explosão de bebidas ruins, moças de pernas de fora, moral desregrada e finais de semana selvagens". Nos Estados Unidos, não havia duas pessoas que melhor representassem esse mundo do que o jovem escritor F. Scott Fitzgerald e sua esposa, Zelda.

Nascido em St. Paul, Minnesota, em 1896, Scott tinha estudado na Universidade de Princeton, mas ficara desiludido com a vida universitária. Largou os estudos e se alistou no Exército, com a leve esperança de que seria enviado para as trincheiras em Flandres. Em vez disso, foi enviado para o acampamento Sheridan, perto de Montgomery, no Alabama, como segundo-tenente. No verão de 1918, ele conheceu Zelda Sayre no clube de campo e ficou imediatamente apaixonado.

Quase quatro anos mais jovem do que seu futuro marido, Zelda nascera em Montgomery, onde seu pai era juiz da Suprema Corte do estado. Os breves versos impressos sob sua foto de formatura do ensino médio resumem a atitude de Zelda em relação à vida, tanto na época quanto no resto de seus dias: "Por que deveríamos trabalhar a vida toda, se podemos pedir tudo emprestado? / Pensemos somente no hoje, não nos preocupemos com o amanhã". Em um artigo, Zelda descreve a jovem de sua época (veja também "Maio") como uma mulher que "cortou o cabelo, colocou o brinco que quis e, com muita ousadia e blush, foi para a batalha. Ela flertava porque era divertido flertar". Nessa definição, ela mesma podia se considerar o arquétipo da mulher dos anos 1920. Também era espirituosa, inteligente e, como seu futuro marido, uma escritora em formação. (Scott usou muito os diários de Zelda em seus primeiros livros; ela mais tarde escreveria o romance *Esta valsa é minha*, publicado em 1932, que — apesar de na época ter vendido mal — ganharia muitos admiradores nos anos seguintes à sua morte.)

Scott Fitzgerald publicara seu primeiro romance, *Este lado do paraíso*, em 1920. Com uma nova fonte de renda e a perspectiva de se tornar um escritor conhecido, ele podia finalmente se casar com Zelda. (Algumas fontes sugerem que ela impôs como condição para o casamento que o pretendente primeiro publicasse um livro, para provar seu valor.)

Em março de 1922, Scott publicou seu segundo romance, *Os belos e malditos*. (Seu maior e hoje mais famoso livro, *O grande Gatsby*, ambientado no verão de 1922, apareceria três anos depois.) Uma ficção levemente inspirada em seu relacionamento com Zelda, *Os belos e malditos* não foi bem recebido pela crítica. Descrito por um crítico como "lamurioso e sentimental", o livro vendeu mesmo assim 50 mil exemplares e empurrou o casal ainda mais para o centro do palco literário e social. Como estratégia publicitária, Zelda foi contratada pelo *New York Tribune* para escrever sua própria resenha do livro do marido. Como era de esperar, ela declarou que o livro era "absolutamente perfeito" e incitou os leitores do *Tribune* a comprá-lo para que Scott tivesse mais dinheiro e pudesse presenteá-la com joias e roupas.

1922 | Março

Os Fitzgerald já tinham uma fama que poucos escritores e cônjuges possuíam. Nas palavras do poeta e editor Louis Untermeyer, eles eram "a personificação da flamejante juventude". Um retrato dos dois fora usado como capa para *Os belos e malditos*, e ambos foram convidados para serem os protagonistas de um filme baseado na obra, embora nenhum deles fosse ator. (Eles decidiram recusar o convite, e a versão cinematográfica foi lançada com Marie Prevost e Kenneth Harlan nos papéis principais.)

Enquanto isso, do outro lado do Atlântico, em Paris, outro jovem escritor norte-americano dava os primeiros passos em direção à aclamação mundial. Ernest Hemingway nascera em Illinois em 1899, e trabalhara como repórter de um jornal de Kansas City depois de abandonar a escola. No final de 1917, ele se alistara em uma campanha de recrutamento da Cruz Vermelha e se tornara motorista de ambulância na Itália. (Suas experiências da Primeira Guerra Mundial, incluindo o período em um hospital italiano, em que se recuperou de um ferimento grave que sofrera em julho de 1918, se tornariam a base para seu romance de 1929, *Adeus às armas*.)

Depois que a guerra termina, ele retorna ao jornalismo e se estabelece em Paris como correspondente internacional para o *Toronto Star*. Em julho de 1922, Wyndham Lewis encontrou Hemingway no estúdio de Ezra Pound, na capital francesa. Conforme o relato de Lewis, Hemingway era "um jovem de porte esplêndido que, desnudo da cintura para cima, exibia um torso de deslumbrante brancura [...]. Ele era alto, bonito e sereno, e repelia com suas luvas de box — sem muito esforço, pensei — os ataques erráticos de Ezra. Depois de desferir um golpe final no magnífico plexo solar de Hemingway (defendido sem esforço por aquela obra de arte de calças), Pound caiu de costas em seu sofá".

Segundo um editorial do *Atlantic Monthly*, de outubro de 1922, "os pontos de vista, códigos e padrões dos velhos e dos jovens estão tão distantes uns dos outros, que é como se pertencessem a raças diferentes". E ia além: "As duas gerações são inimigas naturais, duvidam uma da outra, são críticas, suspeitas, antipáticas e hostis". Se Scott Fitzgerald era — e Hemingway iria se tornar — o ídolo de uma geração mais jovem, havia outros escritores mais velhos cujos nomes significavam muito para o público leitor. Nos nossos dias, nem todos continuam nesse patamar.

Edith Wharton e Willa Cather, que também publicaram naquele ano, são grandes figuras da literatura norte-americana, hoje mais do que na época. Mas quem, hoje em dia, já ouviu falar de Booth Tarkington? Quase ninguém, aposto. Mesmo assim, seu romance *Alice Adams* ganhou o prêmio Pulitzer em 1922. 3 é mais lembrado como o autor de *The Magnificent Ambersons* [Os magníficos Ambersons], publicado quatro anos antes, obra em que foi baseada o segundo filme hollywoodiano de Orson Welles, na década de 1940.

Em retrospecto, Scott Fitzgerald e Hemingway parecem dois gigantes da literatura norte-americana da década de 1920. Mas em 1922 eles não eram tão grandes assim. Como vimos, Scott Fitzgerald tinha sido aclamado por *Os belos e malditos*, e ele e a esposa eram, sem dúvida, celebridades, mas *O grande Gatsby*, sua obra-prima, estava três anos distante no futuro.

Hemingway praticamente não era conhecido fora de um pequeno círculo de expatriados em Paris.

Seu primeiro livro, *Três histórias e dez poemas*, não seria publicado até o ano seguinte e, mesmo então, em uma edição de 300 exemplares paga pelo próprio autor. (Um incidente no início de dezembro de 1922, quando uma valise que guardava seu primeiro romance e vários outros manuscritos foi roubada e nunca mais recuperada, não ajudou muito sua carreira de escritor.)

No entanto, para muitos norte-americanos que tinham um interesse intelectual pela literatura de seu país, o maior lançamento do ano talvez tenha sido o romance *Babbitt*, de Sinclair

Lewis, publicado em setembro. Retrato brutalmente satírico do materialismo, da complacência e do filistinismo do Meio-Oeste norte-americano, o livro vendeu quase três vezes mais exemplares do que *Os belos e malditos*, que já era um *best-seller*. A palavra "*babbittry*", derivada do nome do protagonista do romance, George Babbitt, logo começou a ser usada para denotar a conformidade acrítica e a adesão irrefletida aos valores materialistas do Meio-Oeste norte-americano.

Os leitores ficaram divididos entre aqueles que viam *Babbitt* como um ataque frontal aos valores do norte-americano comum e aqueles que o viam como uma verdadeira obra de gênio. Outros escritores também ficaram impressionados. H. G. Wells chamou o livro de "um dos maiores romances que li em muito tempo"; Somerset Maugham o considerou "uma obra de arte completa e perfeita".

*Babbitt* foi recebido com entusiasmo até mesmo na Rússia bolchevique, onde uma tradução logo foi publicada. Liev Trótski disse em uma entrevista que achara o livro "curiosamente interessante e instrutivo, embora de caráter muito burguês". Hoje, Lewis está meio esquecido, mas na década de 1920 ele era frequentemente descrito como o maior romancista vivo dos Estados Unidos. Na década de 1930, ele seria o primeiro escritor norte-americano a conquistar o Nobel de Literatura.

## Morre o pai de um escritor

Em 28 de março, o russo Vladimir Dmitrievich Nabokov, político liberal e jornalista exilado em Berlim, estava participando de uma conferência na Philharmonie, uma sala de concertos da cidade, cujo principal palestrante era outro exilado, Pavel Milyukov, fundador do Partido Constitucional Democrata. Durante o evento, dois ativistas de extrema direita e antissemitas, Pyotr Shabelsky-Bork e Sergey Taboritsky, se aproximaram do palco cantando em voz alta o hino nacional czarista. Shabelsky-Bork então gritou "Pela família do Czar e pela Rússia!" e atirou em Milyukov. Mas errou o alvo. Nabokov, que estava sentado perto de Milyukov, pulou no palco e tentou desarmar o atirador. Os dois caíram no chão lutando, e, nesse ponto, o segundo atirador, Taboritsky, tentando libertar seu cúmplice, apontou a arma para Nabokov e atirou três vezes à queima-roupa. Duas balas atingiram a coluna de Nabokov e uma atravessou o pulmão esquerdo e o coração, matando-o quase que instantaneamente. Em meio ao tumulto, enquanto os presentes corriam para a saída e Taboritsky tentava fugir, uma corajosa mulher gritou: "Quem matou foi ele", e Taboritsky foi capturado. O mesmo aconteceria logo em seguida com Shabelsky-Bork, não antes de sete pessoas da plateia se ferirem com a chuva de disparos dos atiradores.

 O filho do homem morto era o futuro escritor Vladimir Nabokov, autor de *Lolita*, cuja obra guarda uma série de referências veladas ao assassinato do pai. Embora estudasse no Trinity College, em Cambridge, na época ele estava na casa da família em Berlim quando ouviu a notícia da morte do pai. A viagem em que acompanhou a mãe até a Philharmonie seria relembrada em seu diário como um momento terrível: "Eu olhei para as luzes passando e para as faixas brancas do asfalto e tive a fatídica impressão de que eu não fazia mais parte daquilo [...], a única coisa clara, significativa e viva era o luto — tenaz, sufocante — que comprimia meu coração. 'Meu pai não existe mais.' Essas palavras ficavam martelando em meu cérebro..."

 Quando os assassinos foram a julgamento, ficou claro que eles nem sabiam quem era Nabokov, pois miravam somente Milyukov. Nabokov só estava no lugar errado, na hora errada, e sua coragem de enfrentar Shabelsky-Bork lhe custara a vida. Os dois atiradores foram condenados e sentenciados a quatorze anos de prisão, mas foram soltos em uma anistia de prisioneiros políticos depois de cumprirem apenas dois meses da sentença. Mais tarde, os dois colaborariam com o nazismo.

ABRIL

COPA DA INGLATERRA
SHERLOCK HOLMES
CASA BRANCA
INDIANA JONES
TEAPOT DOME
EXPEDIÇÃO
CHARLES LINDBERGH
WATERGATE
ESPIRITUALISMO
PICARDIA
CHINA
DINOSSAURO

Um acidente aéreo é manchete na Grã-Bretanha e na França, mas o primeiro voo de um aviador até então desconhecido sobre o Nebraska se tornaria uma data importante na história da aviação. A última final da Copa da Inglaterra antes da inauguração do estádio de Wembley é definida nos pênaltis. O último imperador da Áustria morre na Ilha da Madeira, onde estava exilado. Nos Estados Unidos, o presidente Warren G. Harding, apesar de sua popularidade, está destinado a não terminar seu segundo ano de mandato, e seu legado ficará irremediavelmente maculado por um suposto escândalo. Na China, senhores da guerra batalham pelo controle do vasto país. O criador de Sherlock Holmes, Arthur Conan Doyle, chega a Nova York para espalhar a palavra do espiritualismo. O homem em que supostamente foi inspirado Indiana Jones parte para uma expedição no deserto de Gobi.

## Um acidenTE de avião na PicaRdia

As viagens aéreas estavam se tornando mais comuns no começo da década de 1920, mas o perigo que representavam naqueles primeiros tempos ainda era inquestionável. Em janeiro de 1922, um avião construído pela empresa Handley Page caiu próximo ao campo de aviação de Le Bourget, perto de Paris, matando as cinco pessoas a bordo. Três meses depois, aconteceu a primeira colisão aérea entre aviões civis. Em 7 de abril, um De Havilland DH 18º britânico, levando apenas seu piloto e um jovem comissário de bordo, decolou do aeroporto de Croydon e seguiu em direção a Paris para entregar algumas correspondências. A pouco mais de 100 quilômetros da capital francesa, a aeronave adentrou um nevoeiro. Enquanto isso, um avião pertencente à pioneira empresa aérea Compagnie des Grands Express Aériens saía de Le Bourget, em um voo de rotina entre Paris e Londres, levava um piloto, um mecânico e três passageiros, dentre eles um casal norte-americano em lua de mel, o sr. e a sra. Yule. Por causa da péssima visibilidade, os dois aviões acabaram colidindo sobre a área rural da Picardia e caíram no chão. Seis dos sete passageiros morreram instantaneamente. O sétimo — em alguns relatos o piloto britânico, em outros o jovem comissário de bordo — foi encontrado muito ferido por equipes de resgate no local, mas morreu antes de chegar ao hospital.

  O acidente na Picardia foi considerado uma tragédia e ganhou as manchetes tanto na Grã-Bretanha quanto na França. Nos Estados Unidos, o *The New York Times* registrou somente a morte

Nick Rennison

dos americanos em lua de mel. No entanto, um acontecimento que marcaria ainda mais a história da aviação teria lugar, dois dias depois, nos céus de Lincoln, em Nebraska, e passaria totalmente despercebido do público. Um jovem chamado Charles Lindbergh faria, em êxtase, seu primeiro voo em uma aeronave. "Enquanto subíamos, as árvores se transformavam em arbustos; celeiros, em brinquedos; e vacas, em coelhos", ele escreveria mais tarde, em sua autobiografia. "Esqueço de tudo o que já aconteceu na minha vida. Vivo apenas no momento, nesse espaço estranho, imortal, repleto de beleza, marcado pelo perigo. O horizonte recua e se cobre de névoa. Os grandes campos quadrados de Nebraska tornam-se uma colcha de retalhos."

Cinco anos depois de voar pela primeira vez, Lindbergh faria o primeiro voo ininterrupto dos Estados Unidos à Europa, tornando-se por um tempo o homem mais famoso do mundo — esse acontecimento abriria caminho para os voos transatlânticos de hoje.

## A última final dA copa da InglATerRa antes de Wembley

A final da Copa da Inglaterra de 1922 — disputada em 29 de abril em Stamford Bridge, no campo do Chelsea F. C., entre dois times do Norte, o Huddersfield Town e o Preston North End. A final entre o Huddersfield e o Preston foi assistida por pouco mais de 50 mil espectadores, era a última final desse tradicional campeonato antes da inauguração do estádio de Wembley. Imagens trêmulas de uma gravação desse dia podem ser vistas até hoje.

Naquela época, os eventos esportivos já eram gravados, só não era possível transmiti-los — é fácil esquecer, imersos como estamos em tempos de cobertura ao vivo, que a maioria das pessoas acompanhava as notícias esportivas pelos jornais. Sem TV ou internet, e

**1922 | Abril**

com o rádio ainda engatinhando, a imprensa era a principal fonte de informação. Eram os jornais que criavam os heróis esportivos. Eram nas páginas do *Daily Mirror*, do *Daily Mail* e de todos os seus concorrentes da Fleet Street, assim como nas de jornais locais como o *Huddersfield Daily Examiner* e o *Lancashire Evening Post*, que os fãs ficaram sabendo o que tinha acontecido em Stamford Bridge.

Além da última final antes de Wembley, essa também foi a primeira final a ser decidida nos pênaltis. Segundo aqueles que estiveram presentes, foi um jogo ruim, cheio de penalidades. "Como exibição do que o futebol é capaz de fazer, foi um jogo decepcionante", observou um repórter esportivo da *Examiner*, "pois nenhum time demonstrou grande habilidade; por outro lado, a partida foi uma notável demonstração de resistência".

O momento decisivo veio aos 22 minutos do segundo tempo, quando o juiz marcou um pênalti controverso a favor do Huddersfield. Como era de esperar, o jornalista da *Examiner* disse que a penalidade fora "justa", mas filmagens de baixa qualidade do noticiário sugerem que a marcação contra o Preston fora de fato equivocada, pois a falta teria sido cometida fora da área de pênalti.

Billy Smith se apresentou para a cobrança e encarou os óculos do goleiro do Preston, Jim Mitchell. (Mitchell, que ganhou uma Copa da Inglaterra, talvez seja o único jogador a usar óculos em campo, tanto nesse campeonato quanto em uma partida internacional.) O goleiro fizera uma tentativa "arrojada, mas infrutífera" de pegar o chute de Smith, dando a vitória ao Huddersfield por um a zero. O técnico do time vencedor era Herbert Chapman, hoje uma lenda do futebol. Chapman tinha assumido o cargo de técnico do Huddersfield no ano anterior, e essa vitória foi o primeiro grande triunfo de sua carreira. Ele ainda conquistaria dois títulos de primeira divisão com o Huddersfield e mais dois com o Arsenal (com quem também venceria outra Copa da Inglaterra) — com todos esses títulos, Chapman seria aclamado como o melhor técnico

Nick Rennison

de seu período. No ano seguinte, a final foi disputada em Wembley, onde o caos tomou conta quando dezenas de milhares de torcedores invadiram as arquibancadas, estourando o limite máximo da capacidade do estádio e se espalhando pelo campo. Um policial, montado em um cavalo branco, teve seus quinze minutos de glória ao remover as pessoas de lá e permitir que a partida continuasse.

## A morte de um ex-ImpEradoR

Carlos I, último imperador da Áustria, último rei da Hungria e último monarca da dinastia dos Habsburgo antes da dissolução do Império Austro-Húngaro, morreu em 1º de abril, exilado, na Ilha da Madeira. Depois do assassinato do arquiduque Francisco Ferdinando em Saravejo, em 1914, Karl se tornara o herdeiro natural de seu tio-avô, o imperador Francisco José. Quando o velho morrera, em 1916, ele o sucedera. Seu reinado duraria menos de dois anos. Karl tentara livrar seu país da Primeira Guerra Mundial, segredando propostas de paz aos aliados, mas todas elas deram em nada, em grande parte porque se recusara a ceder territórios. Essa teimosia seria vista como uma grande avareza depois do fim da guerra e da desintegração de seu império.

    Depois que a paz se instalara em 1918, Karl virou as costas para qualquer assunto de Estado, sem chegar a abdicar de fato, fazendo a República Austríaca ser proclamada. Em abril de 1919, o novo parlamento austríaco o removeu formalmente do trono, e ele partiu para a Suíça, escoltado por uma pequena guarda de soldados britânicos. Impedido de regressar à Áustria, ele fez mais duas tentativas frustradas de retomar o trono na Hungria, antes de ser submetido a um exílio na remota Ilha da Madeira, cercado pelo oceano Atlântico. Lá, em março de 1922, ele pegou um resfriado que evoluiu para uma pneumonia. Muito doente, sofreu dois

1922 | Abril

ataques cardíacos antes de finalmente sucumbir a uma insuficiência respiratória. Ele tinha 34 anos. Sua viúva, Zita de Bourbon-Parma, nunca se casou novamente. Ela vestiu preto pelo resto da vida, e morreria aos 96 anos, em 1989.

## Warren Harding e o EScÂNdalo de Teapot Dome

Em 1922, Warren G. Harding, o 29º presidente dos Estados Unidos, estava em seu segundo ano de mandato. O candidato republicano havia conquistado a presidência com uma vitória esmagadora em 1920: com 61% dos votos populares, ele tinha conquistado 37 dos 48 estados que então compunham a união. As mulheres, participando pela primeira vez de uma eleição presidencial, tinham votado em peso nele. Warren Gamaliel Harding (seu incomum nome do meio fora tirado de uma figura obscura dos Atos dos Apóstolos) nascera em Blooming Grove, Ohio, em 1865, e era filho de um médico — que depois se tornaria dono de um jornal — com uma parteira.

Depois de se formar no Ohio Central College, ele seguira o exemplo do pai e comprara um jornal local, *The Marion Star*. Com uma mistura de sorte e boa administração, ele conseguira transformar o que um biógrafo chamou de "trapo moribundo" em um "poderoso jornal local", e suas ambições cresceram. Ao entrar na política, ele progredira com muita facilidade na hierarquia do governo de seu estado natal. Eleito como senador estadual em 1900, tornaria-se vice-governador de Ohio em 1904. Onze anos mais tarde, foi para Washington como um dos dois senadores do estado no Congresso dos Estados Unidos.

Harding tinha a aparência de um presidente norte-americano. Era bonito e fotogênico. Em público, tinha a postura digna que os norte-americanos queriam que seu líder nacional tivesse. Era

81

afável e fácil de lidar. Seu slogan na campanha presidencial tinha sido "Retorno à normalidade", e — em uma nação que passava por enormes, e muitas vezes perturbadoras, mudanças — a ideia de voltar ao "normal" era muito apelativa. Seus problemas não eram tão aparentes, mas seus oponentes políticos estavam sempre a postos para apontar alguns deles.

O democrata William McAdoo, como era de esperar, não se deixava impressionar pela oratória do adversário. Segundo McAdoo, os discursos de Harding eram como "um exército de frases pomposas que atravessavam uma paisagem em busca de uma ideia; às vezes suas palavras sinuosas captavam um pensamento tumultuado e o mostravam como se fosse um triunfo, fazendo dele seu prisioneiro, até que morresse de servidão e por excesso de trabalho". Até mesmo William Allen White, um confesso admirador de Harding, escrevera que o presidente era "extremamente ignorante" e dado a "reverberar chavões retumbantes e a nada dizer porque nada sabia". Harding também era facilmente convencido pela última pessoa com quem tivesse conversado. White contara a história de quando Harding havia falado com um de seus secretários depois de um debate que tratava do tema tributação. "Não consigo entender essa porcaria de problema tributário", confessara o presidente. "Escuto um lado e eles parecem estar certos, e então — por Deus! — falo com o outro lado e eles também parecem estar certos, e aqui estou eu, sem saber para onde ir."

A banal oratória do novo presidente era algo que qualquer um que ouvisse seus discursos podia identificar, e sua limitação intelectual não era desconhecida. Outros aspectos de sua vida, no entanto, eram mantidos bem ocultos. Harding era um mulherengo inveterado. Durante sua campanha para a presidência, muitas de suas antigas amantes tinham sido pagas para ficarem caladas. No entanto, Harding não tinha a intenção de abandonar sua vida amorosa depois de vencer as eleições. Na noite anterior à posse, tiveram que convencê-lo de que não era uma boa ideia escapulir do quarto no meio da madrugada para se encontrar com Nan Britton, mãe de sua filha ilegítima, concebida quando ele ainda era senador. Cinco anos depois da morte de Harding, Britton publicaria uma dessas biografias feitas para vender, em que descreveria como o relacionamento deles tinha continuado ao longo dos anos de Harding na presidência. Segundo ela, em uma ocasião, eles teriam transado em um closet da Casa Branca.

Sem dúvida, a vida sexual do presidente tinha uma má reputação, mas causava poucos danos, exceto para os mais envolvidos. O mesmo não podia ser dito sobre seu costume de distribuir cargos para amigos de caráter duvidoso e moral questionável. A corrupção em seu mandato atingiu escalas épicas. Embora alguns dos nomeados fossem homens honrados e talentosos — o secretário do Tesouro, Andrew Mellon, por exemplo, chegou a servir mais dois presidentes —, Harding tinha uma fraqueza por seus velhos amigos, a então chamada "gangue de Ohio", que se mostrou melhor em sonegação e desvio de dinheiro do que em competência.

Harry M. Daugherty, amigo de Harding havia décadas, se tornou procurador-geral na nova administração. Daugherty aceitava suborno de contrabandistas de bebidas, fazia pequenos favores a quem estivesse disposto a pagar e desviava fundos do governo para suas próprias contas bancárias. Fora ele também que trouxera para Washington uma parceira sua chamada Jess Smith, cujas festas desregradas, com dançarinas de boate vindas de Nova York, se tornariam famosas. Nelas, eram exibidos filmes pornográficos, em que supostamente havia atrizes que mais tarde seriam bem conhecidas em Hollywood. Em uma dessas festas, uma garota de programa foi morta quando arremessaram acidentalmente uma garrafa de bebida em sua cabeça. Harding estava presente e teve que ser retirado do local. O irmão da vítima cometera o erro de tentar chantagear o presidente e acabou atrás das grades.

Nick Rennison

O maior exemplo de lucro obscuro na administração de Harding só veio à tona depois de sua morte, em 1923, mas estava a todo vapor no ano anterior. Ficou conhecido como o escândalo de Teapot Dome. Antes das revelações do caso Watergate, na década de 1970, este era, sem dúvida, o maior escândalo político da história norte-americana. Seu nome vem do campo petrolífero Teapot Dome, em Wyoming, uma das três áreas de produção de petróleo que o presidente anterior, William Taft, tinha reservado legalmente para as necessidades da Marinha norte-americana. A ideia de Taft era que, qualquer que fosse a emergência, a Marinha sempre tivesse acesso a óleo para combustível.

Em 1921, Harding emitiu uma ordem executiva de transferência do controle do Teapot Dome da Marinha para o Departamento do Interior, administrado por um de seus comparsas mais astutos, o senador do Novo México Albert Fall. Fall negociou ilegalmente o aluguel de Teapot Dome e de outra reserva de petróleo na Califórnia para duas empresas privadas de petróleo. Em troca, essas empresas ofereceram quase meio milhão de dólares e várias propriedades valiosas a Fall.

Foi em abril de 1922 que os esquemas de Fall para ganhar dinheiro começaram a ser revelados. O *Wall Street Journal* relatou detalhes do aluguel do Teapot Dome que até então tinham sido mantidos em segredo. Harding defendeu Fall, afirmando que "a política praticada e seus atos subsequentes tiveram, em todas as vezes, minha inteira aprovação", mas, dois dias depois das revelações do jornal, um senador democrata do Wyoming, chamado John B. Kendrick, pediu uma investigação das atividades do secretário do Interior. Era o início de uma série de revelações ainda mais estarrecedoras sobre a corrupção que cercava o Teapot Dome e outros campos petrolíferos, embora ainda fossem levar anos para que se ficasse sabendo a maior parte da verdade. Em 1927, a Suprema Corte decidiu que os campos petrolíferos tinham sido alugados de forma ilegal. Fall foi finalmente preso por suborno e conspiração, o primeiro ex-integrante de um gabinete presidencial a ser condenado por algum crime enquanto estava no cargo. O legado presidencial de Harding ficou, assim, irremediavelmente maculado.

## A China e os senhores da Guerra

Na China, a nação mais populosa do mundo, a década de 1920 foi recheada de conflitos, praticamente um atrás do outro, em que os senhores da guerra lutavam entre si pelo controle de diferentes áreas.

Em 1920, duas camarilhas, a de Zhili e a de Fengtian, haviam tomado o poder em Pequim e, com isso, ficaram no comando do governo. Mas a aliança entre elas teria vida curta. Apoiadas por diferentes potências estrangeiras (a Zhili pelos britânicos e norte-americanos, e a Fengtian pelos japoneses), elas estavam fadadas a se desentenderem. Essa instável coalizão começara a se formar em dezembro de 1921, quando os Fengtian substituíram o primeiro-ministro sem consulta prévia. Os Zhili, irritados com essa postura e com a recusa do novo governo de direcionar fundos militares para suas tropas, obrigaram o primeiro-ministro em questão, Liang Shiyi, a renunciar, com apenas um mês no cargo. Cada camarilha tinha seu próprio senhor da guerra (Wu Peifu do lado de Zhili, e Zhang Zuolin do lado de Fengtian), e o desacordo político logo se transformou em confronto militar.

Os dois lados enviaram suas tropas em 10 de abril, e os combates começaram no fim do mês. Duraram pouco mais de algumas semanas. Wu Peifu se mostrou um general mais astuto que seu oponente, e as tropas da camarilha de Fengtian foram derrotadas sucessivamente em vários confrontos. Depois de perder mais de vinte mil combatentes e de capturarem quarenta mil de seus homens, Zhang Zuolin foi persuadido a se entregar. Representantes dos dois lados se encontraram em um navio de guerra britânico ancorado na costa chinesa e assinaram um tratado de paz. O restante das tropas de Fengtian seguiu para o Norte, até a Manchúria, deixando os Zhili no controle de Pequim. Mas a paz não ia durar muito. Uma segunda guerra entre os Zhili e os Fengtian eclodiria em setembro de 1924, e dessa vez a camarilha de Fengtian, sob o comando de novos generais, sairia vitoriosa.

## Conan Doyle fala no Carnegie Hall

Depois de milhões terem morrido na Primeira Guerra Mundial e na pandemia de gripe espanhola, muitos familiares das vítimas buscaram consolo na religião. Não eram só as religiões tradicionais que ganhavam novos adeptos. Aumentou também o número de pessoas que buscavam respostas em outras religiões.

O próprio espiritualismo, que prometia não só vida após a morte, como dizia que os vivos eram capazes de entrar em contato com entes queridos que tinham "passado por sob o véu", ganhou nova vida. E teve em Arthur Conan Doyle, autor de Sherlock Holmes, o detetive favorito de todo o mundo, um de seus mais poderosos e famosos defensores. Doyle vinha sofrendo com suas próprias perdas. Amigos e parentes tinham morrido na guerra. Seu muito amado filho, Kingsley, fora gravemente ferido na Batalha do Somme, mas se recuperara e servira no Exército até meados de 1918 — quando, em outubro do mesmo ano, se tornaria mais uma vítima da gripe espanhola, morrendo no hospital de St. Thomas, em Londres, algumas semanas antes de seu aniversário de 26 anos.

Conan Doyle sempre tivera interesse no espiritualismo — ele se juntara à Sociedade Britânica de Pesquisa Psíquica ainda na década de 1890 —, mas agora seu comprometimento com a causa e sua crença na vida após a morte eram mais fortes do que nunca. Outros aspectos do sobrenatural o atraíam, fazendo-o quase cair no ridículo ao apoiar algumas alegações duvidosas. Em março de 1922, Doyle deu os últimos toques em seu livro *O mistério das fadas*, publicado mais tarde naquele mesmo ano, que narrava a curiosa e real história de duas meninas de Yorkshire que tinham fotografado o que diziam ser fadas vivendo no fundo do jardim de casa.

Embora algumas pessoas da época fossem céticas e desdenhassem da história dizendo que as "fadas" eram, na verdade, recortes de revistas pendurados e fotografados pelas próprias garotas — do mesmo jeito que muitos acreditam até hoje —, Doyle tinha certeza de que havia algo ali. (É difícil entender como ele pode ter sido enganado. Até mesmo em uma passada de olho dá para ver que as fotos são falsas.)

Nessa época, Doyle era um pregador experiente da mensagem espiritualista. Visitas à Austrália e à Nova Zelândia, com o intuito de espalhar a palavra do espiritualismo, apenas aguçaram seu apetite por viagens. Em 1922, ele decidiu fazer uma turnê de palestras pelos Estados Unidos. A esposa e ele partiram para Nova York em 2 de abril e chegaram uma semana depois. Ele foi recebido por uma multidão de repórteres e improvisou uma entrevista coletiva. Segundo o *The New York Times*, ele havia proclamado sua crença absoluta na vida após a morte. "Já conversei com e vi vinte pessoas queridas mortas", disse ele, "incluindo meu filho, quando minha esposa e outras testemunhas presenciaram tudo [...]. O espiritualismo é o grande antídoto do materialismo, que é a causa da maioria dos nossos problemas recentes."

Pressionado por repórteres lascivos que perguntavam se as delícias deste mundo, como sexo e bebidas, seriam ou não acessíveis no além, ele disse que "certos prazeres familiares" estariam, sim, disponíveis. No dia seguinte, a manchete de um tabloide era: "Doyle diz que as pessoas podem transar depois da morte".

Em 12 de abril, longas filas se formaram nas ruas próximas ao Carnegie Hall. Conan Doyle daria lá a primeira de várias palestras sobre o espiritualismo. Não haveria assentos, todos teriam de ficar em pé. Entre as milhares de pessoas presentes naquela primeira noite, havia muitas mulheres com uma estrela dourada na roupa — sinal de que tinham perdido o filho para a guerra. Muitos ficaram pasmos com as projeções de epidiascópio de fenômenos espirituais exibidas na palestra e intensamente comovidos com a sinceridade com que Doyle falava dos próprios encontros psíquicos. Seu relato do encontro com a falecida mãe ("Juro por tudo que é mais sagrado", disse ele, "que olhei nos olhos dela") foi recebido com particular entusiasmo.

Grande parte da cobertura do evento, publicada nos dias seguintes, foi menos simpática. Jornalistas norte-americanos estavam obstinados a não acreditar na existência de outro mundo. "As emoções que Conan desperta com a descrição de seus encontros com mortos", disse um repórter, "só despertavam pena." Outro sugeriu que "em cada entrevista que dá, fica cada vez mais difícil de ser paciente com ele".

No mês seguinte, novamente no Carnegie Hall, Doyle reexibiu uma série de "fotografias de espíritos", incluindo uma do editor e jornalista W. T. Stead, morto no naufrágio do *Titanic* uma década antes. O retrato de Stead, segundo Doyle, fora obtido por meios psíquicos e chegara com uma mensagem escrita na caligrafia dele. "Tentarei mantê-los informados", escrevera Stead do além-túmulo. Ao todo, Doyle fez sete palestras no Carnegie Hall e, ao fim de cada uma, era sempre cercado de gente pedindo autógrafos e de simpatizantes. Apesar do sarcasmo de alguns profissionais da imprensa, a turnê "espiritualista" de Doyle pôde ser considerada um sucesso.

Foi também durante a turnê que Doyle se desentendeu com um de seus amigos mais famosos. O lendário ilusionista Harry Houdini conhecera o escritor dois anos antes, durante uma turnê pela Grã-Bretanha, e — por incrível que pareça — os dois acabaram se dando bem. Em junho de 1922, Doyle organizou uma sessão espírita em que Jean, sua esposa, tentaria entrar em contato com a falecida mãe de Houdini usando para isso seu dom em escrita psicografada. Embora fosse profundamente cético a respeito do espiritualismo, Houdini concordou.

Na suíte do hotel de Doyle, em Atlantic City, Jean foi "tomada por um espírito", nas palavras do marido. O espírito era, supostamente, Cecilia Weiss, a muito amada mãe de Houdini, que morrera em 1913. "Foi uma cena inusitada", disse Doyle, "a mão da minha esposa voava loucamente e batia na mesa enquanto ela escrevia em um ritmo furioso, e eu, sentado do outro lado, arrancava folha após folha de um bloco, conforme elas eram preenchidas, e jogava cada uma delas para Houdini, sentado ali em silêncio, a cada instante mais sombrio e pálido." Não era de espantar que Houdini parecesse sombrio. Ele estava longe de acreditar que as mensagens eram de sua mãe, até porque estavam todas em inglês, idioma que Cecilia Weiss, nascida e criada na Hungria, mal sabia falar. Incapaz de suspender sua descrença no episódio, Houdini acabou brigando com Doyle, conflito que ainda não tinha sido resolvido quando ele morreu em 1926.

## O Indiana Jones dA vIdа rEaL

Se houve alguma inspiração para Indiana Jones, ela só poderia ter sido Roy Chapman Andrews. Nascido em Wisconsin, em 1884, Andrews teve uma carreira que não ficou devendo nada às extravagantes fantasias do aventureiro arqueólogo dos filmes de George Lucas. Ainda jovem, ele trabalhara no Museu Americano de História Natural e viajara para inúmeros locais selvagens do mundo, das Índias Ocidentais ao Ártico, coletando espécimes para a coleção do museu. Era essa sua profissão. "Nasci para ser explorador", escreveu ele mais tarde. "Nada poderia me fazer mais feliz [...]. Ver novos lugares, descobrir novas coisas — a curiosidade sempre foi a força motriz da minha vida." Durante a Primeira Guerra Mundial, ele e a esposa, a fotógrafa Yvette Borup, passaram um tempo em regiões remotas da China a cargo de outra expedição para caçar espécimes raros. Na década de 1920, Andrews acreditava na, hoje derrubada, teoria de que o ser humano moderno tinha surgido não na África, mas na Ásia, e estava determinado a encontrar evidências que pudessem comprová-la.

Andrews conhecia a Mongólia e sua capital, Ulan Bator, de uma visita em 1918. Ele achava fascinante os "anacronismos e contrastes violentos" do país. Ulan Bator era, ele escreveria depois, um lugar onde "carros cruzavam com caravanas de camelos recém-saídos do vasto e solitário deserto de Gobi" e onde "lamas sagrados, em mantos vermelhos-flamejantes ou amarelos-vivos, caminhavam ao lado de sacerdotes vestidos de preto". O deserto de Gobi também era, para ele, o campo ideal onde poderia caçar vestígios de humanos antigos que fundamentariam sua teoria. E ele estava determinado a fazer isso.

Em 1922, ele recebeu o apoio do Museu Americano de História Natural e viajou para Pequim a fim de organizar a expedição. Em 17 de abril, Andrews e seu grupo deixaram a capital chinesa e partiram para a Mongólia, em direção ao deserto de Gobi. As provas que encontrou lá acabaram sendo inconclusivas, mas a expedição fez muitas importantes descobertas. Ossos de mamíferos pré-históricos, até então desconhecidos, foram desenterrados da areia. No ano seguinte, a equipe de Andrews desenterraria os primeiros ovos de dinossauros. (Gigantes ovos fossilizados tinham sido encontrados no século XIX mas descobriram depois que não eram ovos de aves gigantes extintas.) No total, Andrews liderou seis expedições ao deserto de Gobi nos anos 1920. Sua reputação nos anos seguintes seria um pouco abalada por causa de sua tendência ao exibicionismo. Em seus livros, verdadeiros *best-sellers*, ele exagerava a importância de suas descobertas e os perigos que enfrentara. "A água que batia nos nossos tornozelos estava sempre no pescoço de Roy", um de seus colegas destacou. No entanto, não há dúvida de que ele foi uma figura muito importante para a paleontologia e para nossa compreensão do passado.

# Maio

Walt Disney
Racismo
Le Mans
Dadaísmo
The Flapper
Linchamento
Assassinatos
Hurley
Choate
Owen
Norman Macmillan
Críquete
Rússia

Na Inglaterra, começa a temporada de críquete. No Texas, linchamentos e racismo destroem a reputação de uma pequena cidade. A disputa para quebrar o recorde de velocidade em terra se acirra cada vez mais. Em Londres, um dos empresários mais pitorescos da Grã-Bretanha vai a julgamento por fraude. Kansas City, no Missouri, tarna-se o lar de uma nova empresa de animação. Vladimir Lenin sofre um AVC enquanto a incipiente Rússia bolchevique encara dificuldades. Na Alemanha, artistas da vanguarda fazem um funeral para a República de Weimar. Em Chicago, é lançada uma pequena revista para celebrar as crenças e atividades da nova geração de jovens mulheres independentes. O Memorial Lincoln é inaugurado em Washington D. C. Uma tentativa de dar a volta ao mundo dá errado.

## O críquete

A temporada de críquete na Inglaterra começa em 6 de maio, com uma série de partidas da County Championship (a Liga de Críquete) ocorrendo de Southampton a Manchester. Por mais difícil que seja acreditar, nesta era de turnês ininterruptas e competições internacionais, a única partida teste jogada em 1922 não aconteceu até dezembro, quando a Inglaterra jogou contra a África do Sul em Joanesburgo. (A África do Sul venceu por 168 pontos.) No entanto, muitos jogadores cujos nomes ainda são muito familiares para os fãs da modalidade mesmo um século mais tarde estavam em ação naquele ano.

O rebatedor do Surrey e da Inglaterra, Jack Hobbs, que era o jogador de críquete mais famoso do país, e, 31 anos mais tarde se tornou o primeiro jogador profissional a ser sagrado cavaleiro, tinha acabado de retornar de uma lesão séria que o restringira a cinco jogos de primeira classe na temporada anterior. Ele até terminou a temporada de 1922 em segundo lugar na média de rebatidas, com 2.552 pontos e uma média de 62,24.

Na frente dele estava Patsy Hendren do Middlesex e da Inglaterra, que marcara menos pontos (2.072), mas acabara com uma média maior (66,83). A melhor média de arremessos ficou com o veterano Wilfred Rhodes, que conseguiu 119 *wickets* em 12,10 pontos por *wicket*. O Yorkshire, time no qual Rhodes jogava, foi o campeão nacional, vencendo o título pela primeira de quatro temporadas sucessivas.

Nick Rennison

A temporada incluiu um jogo que afirmam ser o mais memorável da história do críquete entre condados. Em junho, o Hampshire jogou contra o Warwickshire e foi eliminado por quinze pontos no primeiro *innings* e ainda venceu. O Warwickshire marcou 223 no primeiro *innings* e então eliminou todo o time do Hampshire em quarenta minutos e 8,5 *overs*. Oito jogadores deles foram queimados.

O Hampshire foi obrigado a prosseguir e seu capitão, Lionel Tennyson, neto do poeta vitoriano, demonstrou o que parecia ser otimismo beirando o delírio quando disse para seus homens: "Não importa, vamos conseguir quinhentos desta vez". Incrivelmente, ele estava certo. Quando o oitavo *wicket* caiu em 274, a derrota ainda parecia certa, mas os últimos dois *wickets* garantiram mais 247 pontos. O *wicketkeeper* Walter Livsey, que por acaso era criado de Tennyson, marcou 10 *not out*. No segundo *innings*, o Warwickshire foi eliminado por 158, e o Hampshire conseguiu uma recuperação surpreendente. Eles venceram por 155 pontos.

## Linchamento nos Estados Unidos

Ao longo do ano, os assassinos justiceiros em geral permaneciam impunes quando os matadores eram brancos e as vítimas eram homens negros suspeitos de crimes. Hurley Owen era ladrão afro-americano chinfrim que vivia em Texarkana, no Texas, e foi preso por roubar partes de carros. No dia 19 de maio, ele disse para o delegado de polícia que, se o deixassem sair da cadeia, ele poderia levar a polícia até onde seu saque estava escondido.

Segundo os relatos dos jornais da época, dois policiais acompanharam Owen até um beco na cidade, onde ele enfiou a mão em uma lata de lixo, pegou uma arma que tinha guardado lá antes e ordenou que seus captores se afastassem. Um dos oficiais sacou a própria arma e atirou em Owen, que ficou ferido, mas não o bastante para não tentar fugir, e foi perseguido pela polícia. Depois do fugitivo pular em um carro, o policial Choate tentou impedir que ele saísse dirigindo, mas Owen lhe deu um tiro no estômago. Choate foi levado ao hospital, onde morreu trinta minutos mais tarde. Owen abandonou o carro a pouco mais de um quilômetro fora da cidade e, sem esperança de fugir, tentou se afogar em um lago na floresta. Tirado para fora da água, foi levado primeiro ao hospital, onde seus ferimentos foram tratados, e depois para a cadeia. Uma multidão estimada de mil pessoas se reuniu do lado de fora e usou um aríete para arrebentar as portas e capturar Owen. Com uma corda ao redor do pescoço, ele foi arrastado até um parque nas proximidades e foi morto. Seu corpo então foi queimado.

Mas o que provavelmente foi a pior violência racial no ano, nos Estados Unidos, ocorreu em Kirven, no Texas, um pouco mais de uma quinzena antes. Em 4 de maio, Eula Ausley, uma estudante branca de dezessete anos foi arrancada de seu cavalo perto de um pequeno município, atacada sexualmente e assassinada. A descoberta de seu corpo quase decapitado levou a uma busca por seus agressores que, apesar das evidências que apontavam para outros suspeitos, logo se concentrou em um afro-americano chamado McKinley "Snap" Curry. Levado sob custódia, Curry, sob ameaças e espancamentos do xerife, apontou o dedo para dois outros homens negros — Johnny Cornish e Mose Jones. Dois dias após o assassinato de Eula Ausley, uma multidão se reuniu do lado de fora da cadeia, onde os três suspeitos estavam sendo mantidos. Eles foram arrancados das celas e queimados vivos no centro de Kirven, enquanto centenas assistiam. "Quando um homem queimou", relatou uma testemunha, "eles arremessaram outro no fogo, e, quando este também queimou, jogaram o terceiro."

Mais horrível ainda, outra testemunha afirmou ter visto os três homens lutando para se arrastar para fora das chamas e terem sido empurrados de volta pelos espectadores. "Um deles tentava se esquivar de vez em quando e era jogado de volta."

As horríveis mortes de Curry, Cornish e Jones desencadearam um mês de mais assassinatos raciais. Alguns dias depois do linchamento pelo fogo no centro da cidade, um homem chamado Shadrick Green, amigo de duas das vítimas, foi encontrado enforcado em uma árvore. Rumores se espalharam entre a população branca que grupos de negros estavam se formando para se vingar. Na verdade, eram as multidões brancas armadas que eram o perigo. Algo entre onze e 23 negros morreram nas mãos dessas pessoas nas semanas que se seguiram. Quando a violência finalmente chegou ao fim, a reputação de Kirven como uma cidade agradável de se viver também estava encerrada. Ninguém jamais foi condenado pelo assassinato de Eula Ausley. Muitos integrantes da população negra da cidade, temerosos por seu futuro, partiram. Alguns brancos fizeram o mesmo. A prosperidade de Kirven despencou, e o lugar quase se tornou uma cidade-fantasma.

## SEntindo a nEcessidAde de velocidade

A década de 1920 era obcecada pela velocidade. De atletas olímpicos a nadadores que cruzavam o Canal da Mancha, de pilotos de rali aos ciclistas do Tour de France, todo mundo queria ir mais rápido, e os leitores de jornais estavam ansiosos para ouvir sobre novos recordes e façanhas cada vez mais ousados. O recorde de velocidade em terra tinha sido alcançado oito anos antes por um piloto britânico, que tinha o nome esplendidamente de Lydston Hornsted, que dirigira um carro de corrida Blitzen Benz a 200km/h na pista de Brooklands em junho de 1914. Em 17 de maio de 1922, Kenelm Lee Guinness, membro de uma famosa família de cervejeiros, subiu em um Sunbeam 350 HP e partiu para fazer o mesmo circuito. Guinness era um homem que gostava de dirigir rápido o tempo todo. Ele uma vez disse a um amigo entusiasta de carros que a melhor forma de lidar com os cruzamentos era atravessá-los em alta velocidade, porque assim você só corria o risco de encontrar outro veículo pelo tempo mais curto possível. Nascido em 1887, ele se interessara pela corrida motorizada quando fazia graduação em Cambridge, e já participava de corridas do Grand Prix antes da guerra. Mil novecentos e vinte e dois provou ser seu ano de maior sucesso, e ele conseguiu levar a bandeira quadriculada da vitória na Grã-Bretanha, na Espanha e em Le Mans.

Enquanto seu motor rugia ao redor da pista em Brooklands, livre de quaisquer preocupações sobre cruzamentos ou outros carros, ele alcançou uma velocidade média máxima de 214km/h, quebrando com folga o recorde de Hornsted. Esta seria a última vez que Brooklands veria tal feito, e a última vez que o recorde foi quebrado em um circuito fechado.

Um mês mais tarde, Malcolm Campbell pegou o carro emprestado e superou a velocidade de Guinness em 8km/h, mas, graças a uma disputa em relação ao mecanismo de cronometragem, este recorde nunca foi reconhecido oficialmente. Foi só em 1924 que Campbell finalmente foi consagrado "o homem mais rápido da Terra". A essa altura, ele tinha comprado o carro de Guinness, pintado o veículo de azul e batizado de "Blue Bird", nome que usou para todos os seus veículos que tinham quebrado recordes e que era inspirado no título de uma peça do escritor vencedor do Prêmio Nobel, o belga Maurice Maeterlinck. Já a carreira de Guinness terminou de forma trágica. No Grand Prix de San Sebastián, em 1924, seu carro se envolveu em um acidente que o feriu gravemente e matou seu mecânico. Guinness nunca mais correu e sofreu de problemas mentais crescentes. Treze anos mais tarde, ele foi encontrado morto em sua casa, no que foi considerado pelo legista como suicídio.

Nick Rennison

## A ascensão e queda de Horatio Bottomley

Horatio Bottomley foi uma das figuras mais pitorescas da época. Nascido em Bethnal Green, Londres, em 1860, perdeu os pais ainda jovem e passou vários de seus anos de formação em um orfanato, antes de começar a trabalhar em um escritório de advocacia. Ele logo decidiu que o jornalismo, em vez do direito, proporcionaria uma área mais adequada para seus talentos particulares.

Em 1888, ele foi um dos cérebros por trás da criação do que se tornaria o *Financial Times*, mas algumas de suas empreitadas eram menos legítimas. Ao longo dos anos de 1890 e 1900, ele demonstrou ter talento para esquemas para ganhar dinheiro de forma duvidosa, o que o tornou um homem rico. Apesar dos flertes com a ilegalidade e com a falência, Bottomley também desfrutava de uma carreira política como parlamentar liberal e era proprietário da *John Bull*, uma revista populista de alta circulação e considerável influência durante a Primeira Guerra Mundial.

No rescaldo da guerra, usando a *John Bull* como plataforma, ele se tornou o promotor de uma campanha para comprar Victory Bonds, um método patrocinado pelo governo para levantar dinheiro e impulsionar a economia em declínio. Ao colocar seu esquema de Victory Bonds em prática, no entanto, Bottomley não foi muito escrupuloso, e o dinheiro investido por pessoas comuns eram desviados para seu próprio uso. Sua queda começou quando ele antagonizou um antigo sócio chamado Reuben Bigland. Em setembro de 1921, Bigland publicou um panfleto expondo o que chamava de "a maior e mais recente fraude" de Bottomley. Indo contra o conselho de seus advogados, Bottomley processou seu ex-aliado por difamação. Perdeu a causa, e sua conduta com os Victory Bonds estavam agora sob os holofotes. Seus complicados negócios começaram a ser investigados pela polícia, e ele logo estava enfrentando acusações de fraude.

1922 | Maio

O julgamento de Bottomley começou em 19 de maio de 1922. De modo surpreendente, o promotor concordou com o pedido do advogado de defesa de Bottomley que deveria haver um adiamento de quinze minutos a cada dia, para que o parlamentar pudesse beber uma taça de champanhe que, argumentou-se, era necessária para fins medicinais. Mas sua defesa não se saiu tão bem em relação às verdadeiras acusações que ele enfrentava.

Embora o próprio Bottomley tivesse informado aos membros do júri que a espada da Justiça "cairia de sua bainha se vocês derem um veredito de 'culpado'", foi exatamente o que aconteceu. O júri considerou-o culpado de 23 das 24 acusações. O juiz não teve dúvidas de que os jurados estavam corretos ao fazer isso e não mediu palavras ao se dirigir a Bottomley. "Você foi condenado corretamente [...] por essa longa série de fraudes implacáveis", disse ao parlamentar. "O crime é agravado por sua alta posição, pelo número e pela pobreza de suas vítimas, pela confiança que depositaram em você. É agravado pela magnitude de suas fraudes e pelo desaforo insensível com o qual foram cometidas." Ele sentenciou Bottomley a sete anos de servidão penal. Um recurso foi rejeitado, e ele acabou sendo *persona non grata* na Câmara dos Comuns. Foi expulso como parlamentar. Liberto em 1927, tentou um retorno, mas seus dias estavam acabados. Segundo seu biógrafo, ele era "um velho destruído" que "cambaleou na obscuridade" em seus últimos anos, morrendo de um AVC em 1933.

## A Laugh-O-gram Films

Em 23 de maio, um grande acontecimento na história do cinema norte-americano ocorreu em Kansas City, no Missouri, em grande parte despercebido do resto do mundo. Um jovem animador fundou sua primeira produtora, que chamou de Laugh-O-gram

Nick Rennison

Films. Não foi um sucesso financeiro imediato, e seu diretor de 21 anos acabou o ano morando no escritório da empresa, porque não podia pagar acomodações mais luxuosas. Ele tinha, no entanto, produzido um bom número de filmes de curta-metragem, em branco e preto, baseado em contos de fadas familiares, começando com *Little Red Riding Hood* (Chapeuzinho Vermelho). O nome do animador era Walt Disney.

Embora tivesse nascido em Chicago, Disney fora viver em Kansas City ainda menino, só retornando à cidade natal em 1917, quando fez cursos na Chicago Academy of Fine Arts. Depois de um período na França, trabalhando como motorista de ambulância para a Cruz Vermelha, ele voltou para Kansas City com o intuito de fazer carreira como desenhista. Trabalhando para o Pesmen-Rubin Commercial Art Studio, ele se tornou amigo de outro jovem artista chamado Ub Iwerks, e os dois abriram o próprio estúdio em 1920. Foi difícil ganhar dinheiro, e Disney e Iwerks foram obrigados a se juntar à Kansas City Film Ad Company, onde ficaram fascinados pelo potencial da incipiente arte da animação cinematográfica.

Em 1921, Disney se aproximou do Newman Theatre, em Kansas City, com uma amostra de um rolo de animação. O gerente do Newman gostou do que viu e encomendou ao jovem animador que fizesse uma série de desenhos curtos que seriam chamados Laugh-O-grams do Newman. No ano seguinte, Disney usou os poucos ativos restantes da empresa que fundara com Ub Iwerks, mais um extra de quinze mil dólares de outros investidores, para criar a Laugh-O-gram Films. Iwerks e outros homens, tais como Hugh Harman e Friz Freleng, que seguiram carreiras históricas na animação norte-americana, juntaram-se a ele na criação de doze desenhos animados baseados em contos de fadas. Bem como Chapeuzinho Vermelho, outros que sobreviveram incluem *Puss in Boots* (O Gato de Botas), *Cinderella* (Cinderela) e *The Four Musicians of Bremen* (Os quatro músicos de Bremen). Infelizmente, o contrato que Disney assinou com o gerente do Newman foi muito mais vantajoso para a sala de cinema do que para a Laugh-O-gram. No verão de 1923, a empresa passava por sérias dificuldades financeiras. Com os rolos do último filme feito no estúdio embaixo do braço (uma mistura de live action e animação chamada *Alice's Wonderland* [Alice no País das Maravilhas]), Disney seguiu para Hollywood, para tentar a sorte por lá.

Anos depois, Disney contou que Mickey Mouse devia sua inspiração a um rato que costumava visitá-lo nos estúdios da Laugh-O-gram. Ele o colocara em uma gaiola em sua mesa e acabara gostando muito do bichinho. "Ao bater no focinho dele com meu lápis, eu o treinei a correr dentro de um círculo escuro que fiz na minha prancheta de desenho. Quando parti de Kansas City [...], odiei ter que o deixar para trás. Então eu o levei com todo o cuidado até um quintal, depois de ter certeza de que era uma boa vizinhança, e o sujeitinho manso fugiu para um lugar seguro."

Cinco anos mais tarde, as lembranças de seu rato de estimação em Kansas City estavam por detrás da criação do personagem mais icônico da história da animação. Quer a história de Disney seja verdade ou não — e soa mais apócrifa do que inteiramente precisa —, não há dúvida de que a Laugh-O-gram Films foi importante na trajetória de sua carreira. Sem ela, provavelmente não haveria a Walt Disney Studios, e a indústria da mídia nos Estados Unidos seria muito diferente.

## O declínio de Lenin

Em 1918, Lenin tinha sido vítima de uma tentativa de assassinato, cometido por uma mulher de 28 anos chamada Fanny Kaplan, que acreditava que ele estava traindo a Revolução ao transformar a Rússia em um estado de um só partido. O líder bolchevique tinha feito um discurso na fábrica Foice e Martelo em Moscou. Ao deixar o local e caminhar na direção de seu carro, foi abordado por Kaplan, que disparou três tiros. Um deles errou o alvo. Os outros dois se alojaram em seu ombro e pescoço. Em 1922, as balas ainda estavam ali. Um médico alemão chamado Burkhardt, que argumentava que as dores de cabeça cada vez mais terríveis de Lenin eram resultado do envenenamento por chumbo dessas cápsulas, recebeu autorização para uma cirurgia para retirá-las em abril. Sob efeito de anestesia local, a cirurgia foi um sucesso, e Lenin aguentou um desconforto considerável com estoicismo tranquilo.

No entanto, sua saúde continuava a ser causa de preocupação. Em 26 de maio, ele sofreu um AVC. Ficou praticamente paralisado do lado direito e, durante um tempo, incapaz de falar. Em grande sofrimento mental e físico, ele considerou o suicídio. Em determinado ponto, a esposa de Lenin, Natalia Krupskaya, pretendia colocar cianeto em sua comida, mas não foi capaz de concretizar seu plano. Em vez disso, o casal se aproximou de Stalin, um "homem de aço, destituído de sentimentalismos", pedindo a ele que desse veneno para Lenin. Stalin se recusou. Naquele momento, ele queria Lenin vivo.

Com Lenin incapacitado durante parte de 1922, a questão de quem deveria ser seu sucessor se tornou inevitável. O próprio Lenin achava que a solução ideal seria uma liderança coletiva depois de sua morte, mas, na verdade, ficava cada vez mais claro que havia apenas dois principais contendores para substituí-lo — Trotsky e Stalin. Este último já havia se colocado em uma posição poderosa, quando foi nomeado secretário-geral do Partido Comunista no dia 3 de abril. Agora, ele trabalhava duro para isolar Lenin, em geral preso a uma cadeira de rodas, dos outros líderes bolcheviques e começou a promover seus próprios apoiadores e amigos em posições-chave no aparato do partido. Logo, milhares de oficiais por todo o país deviam suas carreiras a Stalin.

# 1922 | Maio

Durante o verão de 1922, a Rússia foi, de fato, governada por três homens unidos apenas por sua oposição a Trotsky. Embora fosse cunhado de Trotsky, Lev Kamenev tinha suas próprias ambições de se tornar líder, e achava que seria melhor se opor ao homem que considerava ser seu rival mais sério. Grigory Zinoviev odiava Trotsky havia muito tempo. Nas palavras do historiador Orlando Figes, "ele teria ficado ao lado do Diabo, desde que isso garantisse a derrota de seu inimigo". Com o desenrolar dos acontecimentos, ficou claro que Kamenev e Zioniev podiam muito bem ter ficado ao lado do Diabo quando formaram um triunvirato com Joseph Stalin. Os dois pensavam que estavam usando Stalin; na verdade, era ele quem usava ambos. Quatorze anos mais tarde, eles pagariam por esse erro com a vida, quando se tornaram as principais vítimas dos Processos de Moscou, na década de 1930.

Lenin voltou ao trabalho em setembro, mas logo percebeu que Stalin e seus dois aliados temporários pretendiam colocá-lo de lado. Como não estava plenamente recuperado de seu AVC, ele em geral deixava as reuniões do Politburo mais cedo, e só mais tarde descobriu que as decisões importantes eram tomadas em sua ausência. Em outubro, suas suspeitas foram despertadas ainda mais com a proposta de Stalin de que Trotsky devia ser expulso do Politburo. Em meados de dezembro, Lenin sofreu outro AVC. Stalin agiu rapidamente para isolá-lo durante sua recuperação. As visitas foram severamente restritas, e a correspondência era monitorada. De acordo com uma ordem do Politburo, "nem amigos nem aqueles ao seu redor têm permissão de contar a Vladimir Ilich qualquer notícia política, já que isso pode fazê-lo refletir e ficar agitado". Apesar dos efeitos do AVC, Lenin logo ficou ciente do que estava acontecendo. "Posso não ter morrido ainda", disse ele para sua irmã, "mas, liderados por Stalin, eles já me enterraram."

No fim do ano, enquanto lutava com a deterioração de sua saúde, Lenin começava a entender o quão terrível era a perspectiva

Nick Rennison

da sucessão de Stalin. No que ficaram conhecidos como "documentos de 1922", ditados a um secretário, ele começou a alertar seus amigos bolcheviques dos perigos que previa. Para ele, Stalin era "muito grosso" e tinha defeitos que eram "intoleráveis em um secretário-geral". Era hora de seus camaradas "pensarem em um modo de remover Stalin do posto" e substituí-lo por alguém que demonstrasse "maior tolerância, maior lealdade, maior cortesia e consideração com os camaradas, menos caprichos".

Os documentos de 1922 deviam ter sido mantidos em segredo para Stalin, mas, infelizmente, Lenin estava cercado de espiões. Seus dois secretários principais se reportavam ao georgiano. Um deles, Nadczhda Alliluyeva, era, na verdade, a esposa de Stalin. As tentativas de Lenin de fazer o gênio de Stalin voltar para a garrafa estavam condenadas. O líder soviético teve um terceiro AVC, em março do ano seguinte, que lhe tirou a capacidade de falar. Ele morreu em janeiro de 1924. Nessa época, Stalin estava a caminho de conquistar o poder supremo e assassino que exerceu até sua própria morte, quase três décadas mais tarde.

## Morre o dadaísmo

Em 22 de maio, membros de um movimento artístico de vanguarda participaram de um festival na escola Bauhaus em Weimar, onde foi encenado um funeral. Os artistas e escritores eram dadaístas, e os ritos de morte que realizavam era por seu próprio movimento. Uma das figuras mais proeminentes do dadaísmo, o poeta romeno Tristan Tzara, proclamara que "o dadaísmo é inútil, como tudo mais nesta vida...". Agora, seus companheiros dadaístas pretendiam acabar com a existência inútil do movimento.

O dadaísmo, como muito da vida cultural da década de 1920, teve suas origens na Primeira Guerra Mundial. Surgido em 1916, no Cabaret Voltaire, uma boate em Zurique onde a vanguarda artística se reunia, era a rejeição à civilização que conduzira, nas mentes dos dadaístas originais, a nada mais do que o massacre nas trincheiras. O dadaísmo — o nome, segundo uma história repetida com frequência, foi escolhido pelo artista alemão Richard Huelsenbeck, que abriu um dicionário aleatoriamente e encontrou um coloquialismo francês para "cavalo de pau" — era, desafiadoramente, a "antiarte". Seus membros principais, tais como Tzara, o escultor Jean Arp e o escritor alemão Hugo Ball, rejeitavam a razão e a lógica em prol do absurdo e da irracionalidade.

De Zurique, o dadaísmo se espalhou pela Europa. Grupos se formaram em Berlin, em Colônia, nos Países Baixos e na Romênia. Do outro lado do Atlântico, artistas norte-americanos, como Man Ray, e exilados europeus, como o enigmático pintor e pioneiro da arte conceitual Marcel Duchamp, colocaram Nova York no mapa do dadaísmo.

Na França, o movimento mal definido atraiu o apoio do poeta e anteriormente pintor cubista Francis Picabia e de escritores mais jovens, muitos deles marcados por suas experiências na guerra, tais como André Breton, Lois Aragon e Philippe Soupault. Nos anos seguintes, o dadaísmo esteve na vanguarda da vanguarda europeia, mas, em 1922, estava expirando lentamente. Nas palavras de um crítico, tratando particularmente do dadaísmo em Paris, o movimento "estava atolado em sua própria negatividade". Em seus prolongados estertores de morte, estava lentamente dando à luz um movimento que seria muito mais profundo e teria impacto duradouro nas artes do próximo século — o surrealismo.

Vários meses antes do funeral em Weimar, Breton, o futuro "papa do surrealismo, declarara guerra ao dadaísmo, com o qual se comprometera anteriormente, e a Tzara, seu antigo aliado, por organizar o que chamava ser o "Congresso para a Determinação e Amparo do Espírito Moderno". Em uma reunião acalorada no

Closerie des Lilas, um bar e restaurante popular entre intelectuais parisienses, os ânimos se exaltaram. Breton já tinha proclamado Tzara um "impostor ávido por publicidade", e agora os dois homens e seus apoiadores quase entraram em conflito. As linhas de batalha foram traçadas, e os dadaístas de Paris se dividiram em dois campos opostos. O primeiro Manifesto Surrealista ainda estaria dois anos no futuro, mas, quando Breton foi a público com uma declaração intitulada "Depois do dadaísmo", as sementes do novo movimento foram plantadas.

## The Flapper

Em maio, uma nova revista foi publicada em Chicago. Chamava-se *The Flapper* (A melindrosa) e propagava em seu cabeçalho que "Não é para conservadores". Logo na primeira página, os editores anunciavam sua filosofia de vida. "Saudações, melindrosas!", escreveram. "Todas vocês que têm fé neste mundo e nas pessoas, que não acham que vamos para a balbúrdia eterna, que amam a vida, a alegria, o riso, as roupas bonitas e os bons momentos, e que não têm medo de reformistas, conformistas ou cloroformistas — saudações! [...] Graças às melindrosas, o mundo continua rodando, em vez de tombando, e a vida ainda é suportável. Que a tribo acene por muito tempo!"

A palavra "melindrosa" já existia havia décadas. Nos anos de 1890, era usada de forma depreciativa para se referir às prostitutas jovens. Em 1904, e após seu uso em *Sandford of Merton*, um romance sobre a vida em Oxford ("Eis uma melindrosa estonteante", destaca um dos personagens), perdeu sua conotação aviltante e passou simplesmente a significar uma jovem atraente.

Foi só depois da Primeira Guerra Mundial que a palavra começou a ser aplicada para uma geração específica de jovens

1922 | Maio

mulheres com atitudes de vida mais específicas. A guerra minou a crença das pessoas nas antigas presunções e ortodoxias. As mulheres jovens, em particular, queriam ter certas liberdades que as gerações anteriores sequer imaginavam serem possíveis. Mais do que tudo, elas queriam liberdade para se divertir.

Um filme de Hollywood de 1920, intitulado como *The Flapper*, introduziu a vida das melindrosas para uma audiência mais ampla e, em 1922, com o lançamento da revista em Chicago, as melindrosas se tornaram uma figura icônica dos "Estrondosos anos 1920".

Como era de se esperar, variados árbitros da moralidade foram rápidos em condenar a melindrosa. Um político norte-americano veio a público censurar "a irreverência da melindrosa que fuma cigarros e bebe coquetéis". Um psicólogo de Harvard deu sua opinião de que as melindrosas eram notáveis pelo "grau mais baixo de inteligência". A verdade é que muitas pessoas achavam as melindrosas ameaçadoras. Eram mulheres que se recusavam a se comportar como os críticos achavam que devia ser o comportamento feminino. Elas iam e vinham sem acompanhantes. Dançavam de forma considerada por eles como sugestiva, vestiam-se de maneira que eles acham provocativa e gostavam de flertar (e de outras coisas) com homens jovens.

Como a historiadora norte-americana Susan Ferentinos diz: "As melindrosas valorizavam o estilo em vez da substância, a novidade em vez da tradição e o prazer em vez da virtude." Talvez, de modo mais condenável ainda, elas se recusavam a levar o sexo masculino tão a sério quanto muitos homens se consideravam e queriam. "É o propósito da The Flapper", uma colaboradora da revista escreveu, "descobrir se há ou não espaço para melhorias no então chamado senhor da criação — se toda a culpa pelos extremos no comportamento deve ser centrada na melindrosa, ou se pode ser atribuída ao macho da espécie a cujos caprichos ela supostamente deveria atender".

Nick Rennison

## Lincoln rEMemorado

Um monumento nacional para Abraham Lincoln já era cogitado desde o momento seguinte a seu assassinato. Ainda em 1867, um escultor chamado Clark Mills fora contratado para criar um tributo adequado e propôs um projeto para uma grande estrutura encimada por uma estátua que teria o dobro da altura do presidente morto.

Os planos foram abandonados quando um fundo de doações não conseguiu levantar o dinheiro necessário para a construção. Outros planos no início do século XX foram vistos com ceticismo por alguns políticos, e várias leis propondo a criação do monumento não conseguiram passar no Congresso. Foi só em 1910 que uma delas teve sucesso, e a Comissão do Lincoln Memorial, com o então presidente Willian Taft no comando, foi criada. Um local foi escolhido, e o projeto — uma estrutura neoclássica semelhante a um templo, com uma estátua colossal de Lincoln dentro — foi aprovado. Em fevereiro de 1914, o projeto foi oficialmente iniciado, e o trabalho de construção começou no mês seguinte. Depois de mais de oito anos, o Lincoln Memorial finalmente foi inaugurado em uma cerimônia ocorrida em 30 de maio de 1922.

Entre os presentes na cerimônia estava Robert Todd Lincoln, o filho mais velho do presidente assassinado, e único a sobreviver até a idade adulta. Ele tinha 78 anos e tivera uma carreira de destaque como advogado, político e diplomata, incluindo um período como embaixador dos Estados Unidos na Corte de St. James (também conhecida como Grã-Bretanha).

Ele estava rompendo um hábito de vinte anos ao participar do evento. Por coincidência, Robert Todd Lincoln estivera presente ou nas proximidades quando todos os três presidentes norte-americanos, até então assassinados, tinham sido mortos. Embora não estivesse no Ford's Theatre na noite em que o pai levou o tiro, ele estivera no leito de morte do fatalmente ferido Abraham Lincoln. Em 1881, Robert Lincoln estava na estação de trem de Washington quando James Garfield levou um tiro; em 1901, ele fora convidado pelo presidente McKinley para ir à Exposição Pan-Americana, em Buffalo, e estava do lado de fora do recinto quando o anarquista Leon Czolgosz disparou sua arma em McKinley, que morreu uma semana depois. Robert Lincoln desenvolveu a crença supersticiosa de que era mau agouro para presidentes, alegadamente recusando outro convite com as palavras: "Não, não vou [...] porque há uma certa fatalidade no trabalho presidencial quando estou presente."

Naquela ocasião, no entanto, Robert Lincoln estava lá para ouvir uma sucessão de oradores exaltar as realizações de seu pai. O poeta Edwin Markham leu seu poema *"Lincoln, o homem do povo"*. O único orador negro, Robert Russa Moton, era filho de ex-escravizados da Virgínia. A inauguração formal do memorial foi conduzida pelo ex-presidente William Taft, agora presidente da Suprema Corte, que chamou Lincoln de "salvador da nação". O então presidente Warren Harding fez um discurso que ergueu algumas sobrancelhas. Embora, como era de se esperar, tenha elogiado Lincoln por "sua sabedoria, seu altruísmo e sua paciência sublime" e pela "grandeza de seu intelecto", ele também afirmou, no que pareceu quase ser um comentário de improviso no início de seu discurso, que ele "teria se comprometido com a escravidão que existia se pudesse interromper sua extensão".

Tal atitude pode não ter causado muita surpresa para Moton e para os poucos outros afro-americanos proeminentes que tinham sido convidados para testemunhar a inauguração do memorial ao presidente que libertara os escravizados negros. Eles descobriram que seriam levados a um recinto isolado e separado por cordas. Dizem que um dos fuzileiros navais que fazia a guarda da área segregada teria gesticulado para um dos negros e dito: "Crioulos por aqui."

Nick Rennison

## O fracasso do voo ao redoR do mundO

Novos usos para o avião estavam sendo encontrados. No Epsom Derby, em 31 de maio de 1922, um piloto da força aérea britânica chamado Cyril Turner voou sobre a multidão e usou fumaça para escrever *Daily Mail* no céu, em uma tentativa para convencer os corredores a comprar o jornal. Outras tentativas de estreias aéreas acabaram se mostrando ambiciosas demais. Uma semana antes, o major Wilfred Blake embarcara em uma missão, patrocinada por um jornal nacional, de voar ao redor do mundo. (Em abril, um plano anterior de circular o globo em uma aeronave anfíbia Vickers Viking fora abandonado depois que o piloto principal, Sir Ross Smith, caiu perto de Weybridge e morreu durante um voo experimental.) Juntamente de um piloto experiente, Norman Macmillan, e o cineasta Geoffrey Malins, trazido para fazer um filme sobre a aventura, Blake partiu do aeródromo de Croydon, em um De Havilland DH 9, em 24 de maio. Sua ideia era usar vários aviões diferentes para fazer a jornada em quatro etapas.

A primeira parte do plano não teve um início brilhante. Para um observador, o avião parecia "extremamente pequeno e frágil para um voo tão ambicioso", e eles só tinham chegado ao sul da França quando Macmillan foi obrigado a fazer um pouso forçado perto de Marselha, o qual danificou o trem de pouso do DH 9 e destruiu uma hélice. Preso por várias semanas, Blake começou a ficar cada vez mais frustrado e, depois de um tempo, pediu que outro avião fosse enviado da Inglaterra. Já era quase junho quando eles voltaram ao ar.

Mais problemas se seguiram na Itália. Nas palavras de Macmillan, quando se aproximaram do aeródromo de Brindisi, em uma parada agendada, "uma vala funda, completamente oculta sob o capim alto, nos fez tropeçar no final da pista de pouso". Enquanto esperava os reparos, o piloto machucou o pé em um acidente de automóvel e, por isso, foi obrigado a voar a etapa seguinte usando chinelos.

Depois de um descanso em Atenas, onde Macmillan se recuperou o suficiente para voltar a usar sapatos, os aventureiros aéreos viajaram, via Creta e Egito, até a Palestina. A viagem pelo deserto sírio até Bagdá foi animada por encontros com tribos cujos membros atiravam no avião enquanto eles passavam por sobre suas cabeças. Em 17 de julho, estavam em Karachi e logo ziguezagueavam para frente e para trás no subcontinente indiano. Foi ali que tudo começou a dar errado. O próprio Blake teve que desistir, sofrendo de apendicite. Macmillan e Malins, trocando a aeronave velha por uma nova, seguiram em frente, mas era época de monções e dificilmente o tipo de clima adequado para um biplano frágil. Em 22 de agosto, o novo avião teve problemas no motor e despencou na Baía de Bengala. Os dois homens flutuaram por dois dias e duas noites antes de serem resgatados de sua aeronave que tombava lentamente. "Eles estavam em muito mau estado", um dos salvadores contou, "e quase exaustos, as línguas inchadas e as peles negras pelo sol. Os pés tão inchados da água salgada que mal podiam andar, e ambos tinham febre alta". A tentativa de circundar o mundo foi abandonada. "Estava fadado ao fracasso", a revista *Aeroplane* declarou com desdém, mas foi um esforço corajoso.

# Junho

Enid Blyton · Guerra Civil · mineração · Four Courts · batalhas · Irlanda · Newbery Medal · massacre · sexismo · Arthur Griffith · literatura infantil · parlamento

Um dos autores mais vendidos do século XX começa sua carreira com um discreto livro de poemas. Um jogador de golfe norte-americano vence o Aberto Britânico de Golfe pela primeira vez. Na Irlanda, tentativas de expulsar os republicanos do prédio Four Courts, em Dublin, marcam a eclosão de uma guerra civil. Problemas trabalhistas atingem gravemente os Estados Unidos. Disputas no ramo ferroviário e de mineração causam greves e distúrbios generalizados, com alguns resultando em violência. Na Alemanha, a República de Weimar luta para manter a estabilidade, mas é abalada pelo assassinato do ministro de Relações Exteriores. O Japão retira suas tropas da Sibéria.

## LançaMentos na literatura InfaNTil

Em junho de 1922, a editora J. Saville & Co. publicou um pequeno livro de poemas infantis chamado *Child Whispers* [Sussurros de crianças], que despertou alguma atenção na época. O que ninguém poderia imaginar é que este seria o primeiro lançamento de uma das mais bem-sucedidas autoras de literatura infantil. *Child Whispers* foi o primeiro livro publicado de Enid Blyton.

Ao longo dos 46 anos seguintes, até sua morte em 1968, Blyton publicaria centenas de livros. Traduzidos para quase cem idiomas, seus livros venderiam mais de seiscentos milhões de exemplares. Apesar de seu trabalho ter tido muitas controvérsias, principalmente nas décadas após sua morte — sendo várias vezes acusada de racismo, xenofobia, sexismo e uma variedade de outros crimes —, ela continua a atrair grandes quantidades de jovens leitores.

Mil novecentos e vinte e dois foi um ótimo ano para a literatura infantil. Na Grã-Bretanha, foi lançado o primeiro de uma série de livros do professor de estudos clássicos Richmal Crompton, nascido em Lancashire. *Just William*, que narra as aventuras de William Brown, um garoto malvestido e anárquico cujos bem-intencionados planos sempre acabavam em desastre, foi publicado pela George Newnes. Depois dele, Crompton publicaria outros 38 livros com o personagem William, que ao longo dos anos seria retratado com frequência em filmes, programas de rádio e séries de tv. Nos Estados Unidos, Margery Williams escreveu o clássico *O coelhinho de veludo*, a história de um coelho de brinquedo que queria se tornar real. Foi

Nick Rennison

também em 1922 que a Newbery Medal, o mais prestigioso prêmio da literatura infantil norte-americana, teve sua primeira edição. Nomeado em homenagem a John Newbery, um dos primeiros a se dedicar a livros infantis, o prêmio foi entregue para *A história da humanidade*, um relato impecável e educativo da história do mundo para jovens leitores, escrito pelo holando-americano Hendrik Willem van Loon. O livro de Van Loon é publicado até hoje, e sua última revisão abrange os acontecimentos da década de 2010.

## Uma lenda do golfe

Em seus 62 anos de existência, nenhum jogador de golfe norte-americano tinha vencido o Aberto Britânico. Isso só mudou em 23 de junho de 1922, quando Walter Charles Hagen se tornou o primeiro jogador dos Estados Unidos a conquistar o troféu, no Royal St. George's Golf Club, em Kent. (O vencedor do ano anterior, Jock Hutchison, morava e jogava nos Estados Unidos, mas nascera e fora criado na Escócia. Já Hagen era de fato norte-americano.) Ele competira no Aberto Britânico pela primeira vez em 1920, mas cometera o erro de se registrar como W. C. Hagen. Cada vez que seu nome e sua pontuação eram anunciados, a multidão britânica, acostumada a associar as letras "wc" à toalete, caía na gargalhada. Perplexo e irritado, Hagen terminara em 53º lugar, 25 tacadas atrás do vencedor.

Dois anos mais tarde, quando ele ganhou de seus rivais Jim Barnes e George Duncan por uma tacada, a multidão o aplaudiu. Embora os britânicos tivessem sido obrigados a "engolir a vitória mais amarga que já viram", como um jornal norte-americano descreveu na época, os espectadores tinham gostado do afável Hagen.

Hagen acabou vencendo o Aberto Britânico mais três vezes ao longo da década de 1920, e se tornou — ao lado de Jack Dempsey e Babe Ruth — uma das superestrelas do esporte do período. Para a época, ele ganhava uma quantidade imensa de dinheiro, e não perdeu tempo em gastá-lo. "Nunca quis ser milionário", disse ele certa vez, "só queria viver como um." Hagen com certeza gostava da vida que os ricos levavam. Vestia-se com elegância, viajava só de primeira classe e tinha uma coleção de carros de alta potência. Apesar de seu sucesso, ele nunca exagerou nos treinos. "Dezoito buracos por dia é o suficiente para qualquer jogador", disse ele certa vez. Um *showman* dentro e fora do campo, Hagen jogou centenas de partidas extraoficiais em sua carreira e frequentemente se deixava fotografar ao lado de amigos famosos. Ele não respeitava muito as hierarquias. Havia uma história, provavelmente inventada, de que ele teria ido contra os costumes da realeza ao jogar uma partida com o príncipe de Gales (mais tarde Eduardo VIII) e, ao se aproximarem do gramado, teria ordenado alegremente ao oponente: "Puxe o pino, Eddie" — a história, no entanto, de que uma vez ele teria deixado o presidente Warren Harding esperando no local da primeira tacada, só porque não havia terminado de se barbear, é verdadeira. Embora sua fama tenha desaparecido, Hagen é um dos jogadores mais importantes da história do golfe. Bernard Darwin, repórter que cobria as partidas de golfe havia muito tempo para o *The Times*, resumiu o segredo de Hagen de forma mais sucinta do que qualquer outro: "A diferença entre Hagen e os outros jogadores é que ele simplesmente vence, e os outros, não."

## Luta nas ruas de Dublin

O Tratado Anglo-Irlandês foi assinado em 6 de dezembro de 1921, colocando um fim à guerra pela independência da Irlanda. Em Londres, o primeiro-ministro Lloyd George colocara os negociadores irlandeses, incluindo Michael Collins e Arthur

Griffith, em uma situação complicada. George insistira para que os irlandeses assinassem o tratado sem dar o tempo adequado para que eles enviassem os dispositivos do documento aos colegas em Dublin. Ele também os havia ameaçado com a possibilidade de uma nova guerra, caso demorassem demais. Nessas circunstâncias, os irlandeses sentiram que não havia outra opção senão assinar logo. Collins, que fora um dos líderes irlandeses na negociação, achava que o tratado em que escrevera seu nome era o melhor que podia ser oferecido na época. Com isso, ele fazia a Irlanda subir um "degrau", e dava a ela, segundo afirmou, "a liberdade para conquistar a liberdade".

Quase imediatamente, no entanto, o tratado foi rejeitado por uma parte significativa do movimento republicano. Alguns de seus dispositivos eram inaceitáveis para muitos nacionalistas. Todos os grupos nacionalistas — dos membros do Dáil, o parlamento irlandês, ao Exército Republicano Irlandês (Irish Republican Army, IRA) — acabaram se dividindo. Obviamente, o fato de os seis condados da Irlanda do Norte terem permanecido no Reino Unido foi uma derrota amarga para aqueles que queriam uma Irlanda livre, inteira e unida. O Estado Livre Irlandês, estabelecido pelo tratado, permaneceria sob o domínio britânico, tendo Jorge V como seu monarca, um anátema para os republicanos mais comprometidos. Para eles, muitas das armadilhas do imperialismo continuariam existindo. Os líderes políticos da luta pela independência também estavam divididos. Eamon de Valera, o homem que no papel de presidente da nascente república garantira aos delegados irlandeses a autoridade de negociar e concluir um acordo, agora era contra o tratado. "Eu não serei um apóstata nacional", disse ele em 6 de janeiro, "e não serei conivente com a criação de outro domínio inglês na Irlanda."

Com a chegada de um novo ano, as sementes da guerra civil foram plantadas. Quando o Dáil votou, em 7 de janeiro de 1922, com a estreita margem de 64 a 57, a favor do tratado, muitos nacionalistas ficaram extremamente insatisfeitos. Dois dias depois, De Valera renunciou à presidência e foi substituído por Arthur Griffith. Uma semana depois, com o término oficial do domínio britânico, as tropas se retiraram. O país estava dividido entre os que eram a favor do tratado e os que eram contra. Um governo provisório foi instituído enquanto a legislação que criava o Estado Livre Irlandês tramitava no parlamento britânico e no Dáil, e seus membros estavam em uma situação crítica. Nas palavras de um comentarista, o governo provisório estava "entre as ruínas de uma antiga administração e a fundação de uma ainda não estabelecida, e, no meio delas, homens selvagens gritavam pelo buraco da fechadura".

Em um discurso na cidade de Killarney, De Valera disse que, se o tratado fosse aceito, os homens do IRA teriam que "derramar um pouco de sangue irlandês, fosse de soldados ou de alguns membros do governo, a fim de conquistar a liberdade irlandesa". Ele alegou que suas palavras eram apenas um aviso sobre uma possível guerra civil, mas, para muitos, elas soaram como uma incitação ao confronto armado. Michael Collins chamou esse e outros discursos semelhantes de "linguagem da loucura", mas a retórica e a violência estavam ficando fora de controle. O IRA, contrário ao tratado, acumulava armas e explosivos. Dinheiro era apreendido em trezentas agências dos correios nas primeiras semanas de abril.

Em junho, foram realizadas eleições para o Dáil. Das 128 cadeiras, 92 ficaram com candidatos pró-tratado. Longe de resolver a questão, a eleição se mostraria o prólogo da violência da guerra civil. Desde abril, um grande grupo de homens do IRA, liderado por Rory O'Connor, estava ocupando o Four Courts em Dublin, um elegante complexo georgiano e centro do sistema judiciário irlandês. Nas palavras de um desses homens, Ernie O'Malley, eles tinham "feito barricadas nas janelas com pesados arquivos jurídicos, livros grossos e latas cheias de terra". O setor de arquivos nacionais foi transformado em uma fábrica de munição *ad hoc*, que produzia minas e granadas. Suas provocações não conseguiram a retaliação que ambos esperavam e queriam, e Michael Collins e outros lutavam com todas as forças para tirá-los dali. Quando Sir Henry Wilson foi assassinado (veja a página 126) e o general do IRA "Ginger" O'Connell foi sequestrado, a paciência deles se esgotou — a intensa pressão que sofriam de Lloyd George e do governo britânico, convencidos de que "as ações necessárias para expulsar os ocupantes do Four Courts estivessem sendo tomadas sem demora", também contribuiu para isso.

Nas primeiras horas da manhã de 28 de junho, as forças do governo provisório começaram a bombardear o Four Courts. Os termos de rendição foram entregues aos ocupantes, mas O'Connor os desafiou. "Os garotos aqui [...] vão lutar pela República até o fim", escreveu ele em uma declaração no fim do primeiro dia de batalha. "Nossos equivocados ex-camaradas aí fora vão mesmo atacar os únicos defensores da Irlanda?" A resposta foi sim. Embora não quisesse lutar contra os homens que chamava de amigos, Collins acreditava não ter escolha.

Na manhã de 30 de junho, houve uma trégua temporária para que os feridos pudessem ser evacuados, mas à tarde um novo bombardeio desencadeou uma grande explosão no setor de arquivos nacionais, o mesmo local que os ocupantes estavam usando como depósito de munição. Registros do Estado irlandês, alguns datados de oito séculos antes, foram destruídos, e uma nuvem em forma de cogumelo de sessenta metros surgiu no céu de Dublin. Lá pelas quatro da tarde, os ocupantes se renderam. Roy O'Connor e a maioria de seus homens foram, então, presos.

Ao longo da semana seguinte, as ruas de Dublin foram palco de muitas batalhas. O foco da luta aconteceu na O'Connell Street, onde Oscar Traynor liderou uma pequena unidade de homens do IRA contrários ao tratado que ocupara um complexo de edifícios, dentre eles vários hotéis, e os conectara através de buracos nas paredes, criando uma fortaleza.

Em 5 de julho, parte dos edifícios pegou fogo, e Traynor e a maioria de seus combatentes conseguiram escapar misturando-se aos civis nas ruas. Cathal Brugha, ministro da Defesa do antigo governo irlandês e declaradamente contra o tratado, acabou ficando no Hammam Hotel junto de uma pequena retaguarda. No fim da tarde, Brugha ordenou que seus homens se rendessem, mas se recusou a fazer o mesmo. Mais tarde, ele saiu do hotel e se aproximou das tropas do Estado Livre com um revólver nas mãos. Um dos soldados atirou na perna dele, fazendo romper uma artéria. Brugha morreu dois dias depois. A luta em Dublin tinha chegado oficialmente ao fim. Além da capital, no entanto, a guerra continuava.

## O massacre de Herrin

Disputas violentas marcaram as relações industriais nos Estados Unidos em 1922. A pior delas se desenrolou na pequena cidade de Herrin, em Illinois, um centro de mineração, onde uma greve levou à brutalidade generalizada e à morte de 23 pessoas. A greve nacional do setor carvoeiro começara em abril, e, em junho, ela já incomodava. Em Herrin, o proprietário da Southern Illinois Coal Company chegara a um acordo com os grevistas e tentava acabar com a greve recrutando mão de obra das agências de Chicago, de forma que conseguisse retomar a produção de carvão. Para proteger esses trabalhadores, ele contratou seguranças privados. Os mineiros em greve ficaram ultrajados. A tensão começou a aumentar. O superintendente da mina, C. K. McDowell, fez alguns comentários inflamados. "Nós viemos aqui para trabalhar, com ou sem sindicato", disse ele. "Vamos trabalhar mesmo que haja sangue, se for necessário." Estava ficando cada vez mais claro que seria necessário. Em 21 de junho, um confronto resultou em uma troca de tiros e houve baixas dos dois lados. Os grevistas, alguns dos quais tinham vindo de outras partes do estado, começaram a cercar a mina da Southern Illinois Coal Company, perto de Herrin, e exigiam que os fura-greves parassem de trabalhar. Percebendo que estavam em menor número, os trabalhadores contratados das agências concordaram com a imposição, desde que pudessem sair vivos dali. Os termos foram negociados, e cinquenta ou sessenta fura-greves saíram da mina com as mãos para o alto, rendidos.

Eles foram agrupados juntos de McDowell, e os mineiros começaram a escoltá-los de volta para Herrin, à oito quilômetros de distância. No caminho, a multidão de apoiadores do sindicato cresceu em número e em indisciplina. Os fura-greves foram ameaçados verbalmente e agredidos a coronhadas de espingarda. McDowell era um dos alvos preferidos. Ele logo estava sangrando de vários ferimentos na cabeça. Embora fosse idoso e deficiente, ninguém ligava para ele. "Deveríamos enforcar esse filho da puta de perna de pau", um homem do sindicato gritou. McDowell caía e o obrigavam a ficar novamente de pé. Depois de um tempo, ele foi levado para uma estrada vicinal e tiros foram ouvidos. Seu corpo, com marcas de duas balas no peito, foi encontrado mais tarde nas terras de um fazendeiro. Conforme marchavam em direção a Herrin, os mineiros e seus aliados acabaram traindo o acordo inicial. Alguns fura-greves já tinham sido mortos. Os mineiros, então, enfileiraram os sobreviventes contra uma cerca de arame farpado e os mandaram correr. "Vamos ver em quanto tempo vocês conseguem chegar a Chicago, seus vagabundos malditos", um mineiro teria gritado. Eles atiravam enquanto seus alvos derrubavam a cerca e fugiam para uma mata ali perto. Um dos seguranças, um homem chamado Edward Rose, achou que era melhor fingir-se de morto. Ele ouviu um dos mineiros gritar: "Por Deus, há alguns respirando ainda. São difíceis de matar, não é?" E, em seguida, foi atingido por um tiro nas costas. Rose ficou ferido, mas acabaria sobrevivendo. Os outros não tiveram tanta sorte.

Seis dos fura-greves foram capturados e levados até Herrin. Cercados de centenas de homens, mulheres e crianças, eles foram espancados e levados ao cemitério da cidade. Lá, foram amarrados com uma corda. Em seguida, uma saraivada de tiros foi disparada, e os homens caíram no chão. Houve mais tiros antes que os mineiros percebessem que três homens ainda estavam vivos. Só então cortaram a garganta deles com um canivete. Crueldades foram feitas com os corpos. No cemitério, um homem foi visto urinando no rosto dos mortos, e ninguém o impediu. Mais tarde, depois que um pouco da ordem foi restabelecida, os feridos foram levados ao hospital. Os mortos foram despachados para um depósito em Herrin e lá foram despidos, lavados e expostos ao público por várias horas. Os mineiros e suas famílias passavam em fila por eles. Alguns cuspiam nos cadáveres parcialmente cobertos com lençóis finos. Uma mulher teria dito para o filho em seu colo: "Olhe para esses vagabundos que tentaram tirar o pão da sua boca."

Os chocantes acontecimentos de Herrin foram o auge de um ano de frequentes confrontos entre patrões e empregados que se espalharam por toda a nação. No mês seguinte, trabalhadores da estrada de ferro entraram em greve. Em 1º de julho, cerca de quatrocentas mil pessoas colocaram as ferramentas de lado, literal ou metaforicamente, e se recusaram a continuar trabalhando. Assim como os proprietários das minas fizeram com a greve dos mineiros, as empresas de transporte ferroviário retaliaram os grevistas e contrataram fura-greves e seguranças armados para protegê-los. Mais uma vez, houve violência. De Port Morris, no estado de Nova Jersey, a Needles, na Califórnia, houve incidentes em que seguranças abriram fogo contra os trabalhadores em greve. Em Wilmington, na Carolina do Norte, um "guarda especial" da Atlantic Coast Line Railroad (uma antiga ferrovia dos Estados Unidos) ficou tão irritado quando o engenheiro H. J. Southwell o chamou de canalha que acabou o matando a tiros. Por uma cruel ironia, Southwell não estava participando da greve. Em Buffalo, no estado de Nova York, detetives da ferrovia atiraram acidentalmente contra uma mulher e duas crianças.

Todos sabiam de que lado o governo federal estava. Harry M. Daugherty, promotor-geral da administração de Warren Harding, era um opositor ferrenho dos sindicatos e estava desejoso de ver a truculência ser colocada em jogo na greve. "Aqui, de fato, havia uma conspiração digna de Lenin", observou ele, convicto em sua paranoia de que os bolcheviques estavam tentando sabotar a indústria norte-americana, e se mostrou mais do que disposto a oferecer ajuda federal para as ferrovias. Policiais federais integravam as fileiras dos grupos que tentavam desarticular as greves, bem como faziam uso da força bruta para defender a propriedade da ferrovia. Em 1º de setembro, um juiz emitiu uma liminar abrangente proibindo as greves, os piquetes e outras atividades sindicais. Nas palavras de um historiador, foi "um dos pronunciamentos mais radicais da história norte-americana, pois violava um sem-número de garantias constitucionais de liberdade de expressão e de manifestação". A liminar pode até ter sido inconstitucional, mas conseguiu acabar com a greve dos trabalhadores ferroviários de 1922. Ficou conhecida como "liminar Daugherty". A própria carreira política de Daugherty terminou em um episódio de humilhação. Membro da "gangue de Ohio" do presidente Harding, ele foi envolvido no escândalo de Teapot Dome (veja Abril) e forçado a renunciar ao cargo de promotor-geral pelo sucessor de Harding, o então presidente Calvin Coolidge.

## Assassinatos em L0ndRes e Berlim

Como em vários momentos do século XX, 1922 foi um ano em que assassinatos políticos estamparam a primeira página de jornais do mundo todo. Em Londres, no dia 22 de julho, Sir Henry Wilson voltava da inauguração de um memorial de guerra na Liverpool Street Station quando foi baleado do lado de fora de sua casa, em Eaton Place, no bairro Belgravia. Alguns relatos, possivelmente inventados, sugeriam que, depois de disparada a primeira bala, ele teria desembainhado a espada cerimonial que usara na inauguração e teria avançado contra seus assassinos gritando: "Porcos covardes!" Os assassinos fizeram mais disparos e fugiram, deixando o corpo de Wilson para trás. Wilson, irlandês e antigo chefe do Estado--Maior Imperial, ala profissional do Exército britânico, era odiado por muitos de seus compatriotas pelo papel que desempenhara na guerra pela independência da Irlanda. Os atiradores, ambos integrantes do IRA, eram Reginald Dunne e Joseph O'Sullivan. Enquanto fugiam da cena do crime, O'Sullivan, que perdera a perna servindo na Primeira Guerra Mundial, ficou para trás e — como era de esperar — foi capturado. Dunne, voltando para ajudar o companheiro, também foi preso, mas antes feriu dois policiais e um transeunte. Os dois seriam enforcados na prisão de Wandsworth dois meses mais tarde.

O talvez mais importante assassinato de 1922 aconteceu, como o de Sir Henry Wilson, em junho. O ministro de Relações Exteriores alemão, Walther Rathenau, era um homem notável, que impressionava quase todos à sua volta. Segundo o escritor Stefan Zweig, "sua mente estava sempre em estado de alerta, um instrumento de tal precisão e rapidez como nunca vi em ninguém mais [...]. Ele falava francês, inglês e italiano tão bem quanto falava alemão. Sua memória nunca falhou…". Nascido em Berlim, em 29 de setembro de 1867, Walther era filho de Emil, um empresário astuto que comprara as patentes europeias da lâmpada elétrica de Thomas Edison assim que foi inventada. Emil construíra a fábrica que mais tarde se tornaria a AEG (Allgemeine Elektricitäts-Gesellschaft), a maior empresa alemã de eletricidade do século XX, e que o tornaria um homem rico. Walther Rathenau estudara ciências na universidade e obtera um doutorado em física, mas acabaria seguindo os passos do pai. Juntara-se ao conselho da AEG em 1899 e se tornara presidente 16 anos depois. Walther, no entanto, era muito mais do que um industrial de grande sucesso — ele era um homem incrivelmente culto e um grande intelectual, um visionário autor de livros *best-sellers* sobre teoria social e econômica. Para um milionário, ele tinha uma visão surpreendentemente crítica ao capitalismo, pois considerava que um sistema baseado apenas no lucro não traria benefícios em longo prazo para a humanidade. Em 1918, ele fora um dos fundadores do Partido Democrático Alemão, um grupo de centro-esquerda que fizera parte do caldeirão efervescente da política durante a maior parte da República de Weimar — em seus últimos anos de vida, sua visão política se deslocaria cada vez mais para a esquerda.

Em 1921, o chanceler alemão Joseph Wirth persuadira Walther a ocupar o cargo de ministro da Reconstrução em seu governo, um trabalho difícil nos anos que se seguiram à calamitosa derrota na guerra e à sombra das exigências feitas à Alemanha por causa do tratado de Versalhes. Walther se mostraria um sucesso no cargo, mas não permaneceria nele por muito tempo.

No ano seguinte, o ministro de Relações Exteriores de Wirth, Friedrich Rosen, um diplomata de longa data famoso pelo conhecimento em poesia persa, estava cansado das responsabilidades do cargo e renunciou. Por vários meses, o próprio Wirth assumiu as atividades do ministro de Relações Exteriores, mas Walther era o sucessor óbvio.

Relutante no início, ele concordou por fim. Sua mãe, que se opunha veementemente a que ele aceitasse o posto, pois considerava que aquele era um momento de grande perigo, só soube da decisão do filho por meio dos jornais. "Walther, por que você fez isso comigo?", perguntou ela com tristeza durante o almoço que aconteceu mais tarde. "Eu tive que aceitar, mãe", respondeu ele, "não conseguiram achar mais ninguém".

**1922 | Junho**

As ansiedades da sra. Rathenau logo se mostraram legítimas. Em maio, Joseph Wirth recebeu notícias de que havia uma conspiração para assassinar seu recém-indicado ministro. Ele convidou Walther para seu escritório e transmitiu a ele essas informações, argumentando que seria necessário uma proteção policial extra. Walther ficou em silêncio e imóvel. Segundo Wirth, ele "parecia estar olhando para uma terra distante". Depois de um tempo, Walther se aproximou de Wirth e, "colocando as mãos nos meus ombros, disse: 'Querido amigo, isso não é nada. Quem ia querer me fazer mal?'". Mas no fundo ele sabia que estava errado, havia várias pessoas que queriam lhe fazer mal. Como judeu, milionário e membro proeminente de um governo que muitos alemães odiavam e consideravam ilegítimo, ele era definitivamente um potencial alvo para terroristas antissemitas de direita.

Os informantes de Wirth estavam corretos. Havia um complô para assassinar Walther, que tinha progredido para muito além de uma fanfarronice de bares e clubes da época. Em seu cerne estavam dois homens de vinte e poucos anos que, muito tempo antes, tinham se envolvido nas campanhas dos Freikorps, grupos paramilitares que atormentavam a República de Weimar desde que fora estabelecida. Esses dois homens eram Erwin Kern e Hermann Fischer. Ambos tinham lutado na guerra e não aceitavam as consequências da derrota da Alemanha. Kern fora tenente na marinha; e Fischer tinha terminado a guerra como comandante da companhia, tendo participado do chamado Kapp-Putsch, em 1920, uma tentativa fracassada da direita de dar um golpe de Estado em Berlim. Naquele momento, junto de um grupo heterogêneo de cúmplices, eles planejavam o assassinato de um homem que, segundo Kern tinha dito a um amigo, "era maior do que todos aqueles que o cercavam" — Walther.

A trama se concretizou na manhã de 24 de junho de 1922. Por volta das dez horas, os conspiradores estacionaram o carro de seis lugares em uma rua próxima à avenida Koenigsallee, em Grunewald,

Berlim. Esperavam pelo carro conversível de Walther, pois sabiam que era a rota que ele fazia para ir de sua casa ao centro da cidade. Quando o veículo foi localizado, eles esperaram até que passasse ao lado deles e então começaram a segui-lo. E mais tarde aceleraram para ultrapassar lentamente o carro de Walther. Uma testemunha, um pedreiro chamado Krischbin, viu o que aconteceu em seguida. Kern "se inclinou para a frente, sacou uma pistola de cano longo, apoiou ela no braço e abriu fogo". Logo depois uma granada foi arremessada e explodiu assim que o motorista de Walther parou o carro. O carro, para a surpresa de todos, sofreu poucos danos. A enfermeira Helene Kaiser, que estava passando ali por acaso, entrou no carro depois da explosão e tentou ajudar da forma que pôde. Walther, disse ela mais tarde, "sangrava muito", mas "ainda estava vivo e olhando para mim". O motorista então dirigiu até a delegacia mais próxima, a apenas trinta metros do local do crime, para informar aos policiais o que havia ocorrido. Depois disso, ele retornou para a casa de Walther, onde o ferido foi levado até seu estúdio. Chamaram um médico, mas, quando ele chegou, Walther já estava morto. Kern tinha acertado cinco tiros nele.

Enquanto isso, o carro dos assassinos havia quebrado a poucos metros da cena do crime. Eles jogaram as armas por sobre o muro de um jardim, tiraram os casacos de couro, que poderiam servir de identificação, e começaram a examinar o motor. A polícia, em plena perseguição, passou direto por eles, pensando que eram apenas jovens tentando consertar o carro. Ao abandonar o veículo, Kern e seus comparsas foram para o centro da cidade, onde a notícia do assassinato de Walther já circulava. O que aconteceu depois foi extraordinário. O crime foi visto não só como uma tragédia pessoal, mas como uma ameaça à República de Weimar, e centenas de milhares de trabalhadores colocaram suas ferramentas de lado e se uniram em uma manifestação contra os assassinos. "Eles marcharam lado a lado [...] erguendo bandeiras de luto", uma pessoa relataria, "o vermelho do socialismo; e o preto, vermelho e dourado da república, em uma procissão sem fim e pacífica, passando como um silencioso presságio pelas grandes avenidas cheias de gente, sem parar, do começo da tarde ao fim do dia, no pôr do sol de junho". Em Alexanderplatz, no centro de Berlim, os assassinos se misturaram à multidão, em meio a gritos raivosos que amaldiçoavam o crime cometido havia pouco.

Eles precisavam sair de Berlim. Primeiro se dirigiram ao porto báltico de Warnemuende, de onde queriam embarcar para a Suécia, mas o plano se mostrou impossível. Eles não viam outra opção senão adotar um método menos moderno: fugir de bicicleta para o sul, pelas florestas do norte da Alemanha. Em pouco tempo eles seriam identificados como autores do crime. Um de seus aliados havia decidido que a recompensa financeira para entregar a identidade dos assassinos — um milhão de marcos — valia mais do que a lealdade a eles e foi até a polícia. Kern e Fischer, agora os homens mais procurados da Alemanha, acabaram se refugiando no castelo abandonado Saaleck, perto de Naumburgo. Eles tinham esperança de poder se esconder ali por tempo indeterminado, mas o rosto deles começava a estampar jornais e *outdoors* de toda a Alemanha. Moradores locais, reconhecendo quem eram eles, chamaram a polícia, e detetives foram enviados para investigar. No tiroteio que aconteceu depois que foram encontrados, Kern foi morto pelos oficiais, e Fischer tirou a própria vida.

Uma década mais tarde, os nazistas celebrariam e glorificariam a ação dos dois assassinos. Em 17 de julho de 1933, quando as mortes de Kern e Fischer completaram onze anos, eles organizaram um grande desfile até o túmulo dos dois. Ao chegarem lá, Heinrich Himmler depositou uma coroa de flores e Ernst Röhm fez um discurso em que dizia que o espírito deles "é o espírito da SS". (Um fato irônico é que muitos conspiradores que tinham planejado a morte de Walther desprezavam os nazistas. Um deles, antes de Hitler chegar ao poder, se aproximara de Goebbels, então responsável por Berlim, e dera um soco nele, gritando: "Não foi em nome de porcos como você que atiramos em Rathenau!")

Houve outros assassinatos políticos na Alemanha de Weimar. Matthias Erzberger, um dos signatários do armistício que pôs fim à Primeira Guerra Mundial, foi baleado em 26 de agosto de 1921 por membros de um grupo de direita. Nacionalistas também mataram Kurt Eisner e Hugo Haase, dois políticos socialistas, em 1919. Nos anos seguintes, mais mortes. Poucas delas tiveram o impacto do assassinato de Walther Rathenau, que resultou imediatamente na estabilidade do governo. Joseph Wirth teve que assumir ainda mais uma vez as responsabilidades do Ministério das Relações Exteriores, além das obrigações de chanceler. No fim do ano, ele estava fora dos dois cargos. O assassinato em Koenigsallee também era emblemático das dificuldades que a República de Weimar enfrentava em suas tentativas de estabelecer um estado democrático e, em retrospecto, um presságio do ódio, do antissemitismo e do nazismo que iriam destruí-la.

## A retirada dos japoneses dA SiBÉria

No início de 1922, soldados japoneses lutavam na Sibéria havia quatro anos. Eles tinham integrado uma força internacional em apoio às tropas do Exército Branco da Rússia na campanha contra o Exército Vermelho bolchevique. Essa coalizão de soldados de várias nações — incluindo da Grã-Bretanha, dos Estados Unidos e do Japão — tinha se desfeito em 1920, e a maioria das tropas dos demais países já tinha ido embora. Os japoneses, no entanto, ficaram. Em determinado momento, havia mais de setenta mil soldados japoneses na Sibéria. O governo também encorajara grandes empresas, como a Mitsubishi, a abrir escritórios em

1922 | Junho

Vladivostok e em outras cidades, e dezenas de milhares de civis japoneses tinham se mudado para a Sibéria. Ao contrário de outros países, o Japão demonstrara um claro interesse em permanecer ali, e planos para adquirir territórios permanentes eram ventilados, mas no fim a vida na Sibéria se mostraria impossível. O Exército perdeu mais de cinco mil homens, tanto na luta contra os russos quanto para doenças, e centenas de milhões de ienes foram gastos na missão. Líderes políticos e militares no Japão pediam cada vez mais alto a retirada das tropas. Em 24 de junho de 1922, o governo finalmente anunciou que, no fim de outubro, as tropas deixariam a Sibéria. O moral dos soldados que tinham ficado lá estava baixo havia muito tempo, e as ordens oficiais tinham sido desobedecidas em diversos incidentes. Críticos da intervenção temiam os efeitos que isso teria no Exército de modo geral.

Katō Tomosaburō tinha assumido o cargo de primeiro-ministro só doze dias antes. Tomosaburō fora ministro da Marinha e principal representante do Japão na conferência naval de Washington, que ocorrera no início do ano para discutir o desarmamento internacional. Ele via poucos benefícios na continuidade da intervenção japonesa em um território estrangeiro e, apesar da oposição de alguns militares, acabou colocando um fim nela. Em retrospecto, a intervenção japonesa na Sibéria pode ser vista como a precursora da invasão muito mais séria que desestabilizaria a Manchúria na década de 1930.

# JULHO

JOHNNY WEISSMULLER
NATAÇÃO
CAMPEÃO MUNDIAL
GRÃ-BRETANHA
ENFORCADOS
EMILY POST
A ATLETA TENISTA FEMININA
SUZANNE LENGLEN
MANASSA MAULER
LOUIS MOUNTBATTEN

Johnny Weissmuller, o futuro Tarzan, se torna o primeiro homem a nadar cem metros em menos de um minuto. As elites britânicas se adaptam ao mundo pós-guerra, e casamentos como o de Edwina Ashley e Louis Mountbatten ainda são manchetes. O County Hall é inaugurado em Londres. Um livro de etiqueta, vendido até hoje, é publicado nos Estados Unidos. Jack Dempsey defende seu título de campeão mundial de pesos-pesados no boxe. A segregação racial nos Estados Unidos continua a gerar ódio e violência, como mostra um linchamento no estado da Geórgia. A tenista francesa Suzanne Lenglen vence o título individual feminino em Wimbledon pelo quarto ano consecutivo. O "homem mais perverso do mundo" termina de escrever um romance sobre drogas e excessos sexuais.

# Tarzan quebra um reCorDE

Dois anos antes de ganhar a primeira de cinco medalhas de ouro olímpicas e uma década antes de estrear como, talvez, o mais famoso Tarzan da história do cinema, Johnny Weissmuller se tornou a primeira pessoa a nadar os cem metros livre em menos de um minuto — e apenas um mês depois do seu aniversário de dezoito anos.

Weissmuller nascera na atual Romênia e fora com os pais aos Estados Unidos com sete meses de idade. Começou a nadar ainda na infância para combater os efeitos da poliomielite, logo mostrando um dom extraordinário para a natação. No ano anterior, ele tinha sido campeão nacional dos Estados Unidos tanto nos cinquenta quanto nos duzentos metros.

Em 9 de julho de 1922, no parque de diversões Neptune Beach em Alameda, na Califórnia, Weissmuller registrou o tempo de 58,6 segundos para os cem metros, batendo com folga o recorde do havaiano Duke Kahanamoku (Kahanamoku foi outro atleta memorável, campeão de surfe e medalhista de ouro olímpico em natação que, mais tarde, na mesma década, apareceria em vários filmes de Hollywood). Weissmuller estrearia no cinema em 1929, usando pouco mais que uma folha de figueira para cobrir suas partes, com uma participação especial na comédia musical *Glorifying the American Girl* [Glorificando a garota americana] —, mas foi seu desempenho como o herói da selva de Edgar Rice Burroughs, três anos depois, em *Tarzan, o homem macaco* que o transformaria em

Nick Rennison

uma estrela. Ele interpretaria o personagem em mais onze filmes. "A natação foi onde comecei", escreveria Weissmuller mais tarde, "mas foi meu camarada Tarzan que fez todo o resto. Ele foi muito bom para mim".

## O caSamento Que todOs viram

O casamento do ano na Grã-Bretanha aconteceu em 18 de julho, na igreja St. Margaret, em Westminster. O rei e a rainha estavam presentes. O príncipe de Gales era o padrinho. O noivo, bisneto da rainha Vitória, era Louis Mountbatten. (Seu sobrenome verdadeiro era Battenberg, mas, como parecia alemão demais para os tempos da Primeira Guerra Mundial, acabou sendo alterado.) A noiva era a rica herdeira Edwina Ashley, que também descendia de alguns ancestrais famosos, como, por exemplo, a princesa ameríndia Pocahontas e o primeiro-ministro do século XIX, Lorde Palmerston.

Mountbatten ouvira falar da futura noiva pela primeira vez na carta de um amigo. Nela, ele mencionava "uma nova debutante por quem todos os rapazes estão loucos […]. Olhos azuis imensos, cabelo atraente, uma bela figura de pernas adoráveis; bem o seu tipo". Quando Mountbatten conheceu Ashley, no outono de 1921, ele se apaixonou à primeira vista. E ela ficou igualmente atraída pelo jovem oficial da Marinha. Em fevereiro de 1922, ambos estavam viajando juntos pela Índia. (Em retrospecto, esse fato é um pouco engraçado, já que, 25 anos depois, eles seriam os últimos vice-rei e vice-rainha do Raj, o domínio britânico no subcontinente indiano.) Mountbatten a pediu em casamento no Dia dos Namorados, e ela lhe disse sim. Quando se separaram, agora noivos, ele passou a escrever cartas para Ashley, jurando amor eterno e elogiando as partes de seu corpo que tivera permissão de ver, incluindo seus seios, que ele — de forma nada romântica — apelidou de Mutt e Jeff.

O deleite dele continuou depois do casamento. "É maravilhoso [...] estar casado", confidenciou ele para a mãe. A lua de mel do casal durou o resto do ano, quando visitaram amigos e parentes por toda a Europa. Na Califórnia, eles conheceram a realeza de Hollywood. Em Pickfair, a propriedade de Douglas Fairbanks e Mary Pickford, Charles Chaplin escreveu e dirigiu o curta-metragem *Nice and Friendly* [Legal e amigável] e o ofereceu como presente de casamento aos Mountbatten. O curta estrelava o próprio Chaplin, o casal e, como dizem os créditos, um "elenco de estrelas superiores, brilhantes, cintilantes, estupendas". Sem pretensão de ser nada além de um *jeu d'esprit*, não foi lançado no cinema, mas pode ser visto hoje integralmente no YouTube.

O casamento de Mountbatten e Ashley, no entanto, não seria convencional. "Edwina e eu passamos toda nossa vida de casados deitando com outras pessoas", confessaria mais tarde Mountbatten. A lista de amantes de Ashley é particularmente impressionante, vai de aristocratas ingleses de menor importância a Leslie "Hutch" Hutchinson, artista das Índias Ocidentais muito popular na década de 1930.

O próprio Mountbatten demorou um pouco mais para quebrar seus votos matrimoniais, mas depois embarcou em um longo caso com a esposa de um magnata da imprensa francesa. Mesmo com toda essa infidelidade, o casamento deles duraria até a morte de Ashley, em 1960.

## Inauguração do County Hall

No dia anterior ao casamento dos Mountbatten, o rei Jorge V e a rainha Maria de Teck inauguraram formalmente o County Hall, a nova sede do Conselho do Condado de Londres, na margem sul do Tâmisa. Após o breve discurso do rei, houve um floreio de trombetas, e o casal real foi então apresentado a diversos dignitários e a alguns dos trabalhadores que tinham ajudado a erguer o suntuoso edifício, ainda não completamente concluído. (Algumas partes inacabadas foram disfarçadas para que os membros da realeza não percebessem isso.) Depois dessa sessão de cumprimentos, o rei e a rainha foram para a Câmara do Conselho, onde Ralph Knott entregou a George a chave com que o County Hall, o coração do governo local, seria oficialmente inaugurado.

Knott era o arquiteto do edifício. Quando recebera a encomenda do projeto, tinha vinte e poucos anos e havia acabado de começar a carreira. O trabalho começara em 1911, e fora suspenso durante a Primeira Guerra Mundial. Knott não chegaria a ver o edifício finalizado, pois sua construção levaria ainda muitos anos. Ele morreria súbita e inesperadamente em 1929, aos cinquenta anos. Em 1986, o County Hall perderia seu protagonismo no governo londrino quando Margaret Thatcher aboliu o Conselho do Condado de Londres. Desde então, ele foi endereço de várias empresas, incluindo dois hotéis, o Sea Life London Aquarium e o Shrek's Adventure, uma atração turística baseada nos filmes do ogro verde.

## Um manual de etiquetA

Nos Estados Unidos, o nome Emily Post ainda é sinônimo de boas maneiras. Seu livro *Etiquette: In Society, in Business, in Politics, and at Home* [Etiqueta: Na sociedade, nos negócios, na política e em casa] foi publicado pela primeira vez pela Funk & Wagnalls, em julho de 1922. Emily nascera em uma abastada família de Baltimore e aos vinte e poucos anos se casara com um próspero banqueiro. O casamento não seria bem-sucedido, em grande parte por causa da inclinação do marido a manter casos extraconjugais com coristas, e eles se divorciaram depois de treze anos. Ela começou a escrever romances e livros de viagem, mas somente aos cinquenta anos ela faria sucesso com seu guia de etiqueta. Em uma sociedade como a norte-americana, que passava por rápidas mudanças e na qual a mobilidade social sempre era uma possibilidade, as instruções de Emily sobre o jeito certo de se comportar foram recebidas com entusiasmo. Imigrantes e novos ricos percorriam as 620 páginas com ansiedade e avidez.

Havia manuais de etiqueta antes, mas nenhum como o dela — não com a mesma estimulante e confiante correção, o mesmo estilo alegre e o elenco de personagens fictícios que serviam para ilustrar os mandamentos de Emily.

Hoje, a edição original de 1922 parece mais um manual de outra civilização, com costumes muito estranhos e muito diferentes dos nossos. "O mordomo", dizia Emily para aqueles que faziam uso de tal profissional, "nunca veste a libré de um lacaio, e, em hipótese alguma, usa calção até o joelho ou pó". Ela também é certeira ao constatar que "não é exagero dizer que aqueles que não jogam bridge [...] raramente são convidados para sair". Ela dita algumas regras bem rígidas acerca de questões que os leitores de hoje podem achar totalmente insignificantes. Em que lado do táxi uma dama deve se sentar, por exemplo. "Uma dama sentada à esquerda não é uma dama", declara Emily sem deixar margem para dúvidas.

Mas havia alguns conselhos mais úteis, conselhos que afetaram milhões de leitores que viviam ou — o que é mais provável — queriam viver em uma sociedade bem-educada. *Etiquette* teve dez edições e 89 impressões antes da morte de sua autora, em 1960. A 19ª edição, feita por sua trineta, é vendida até hoje.

A carreira de Emily desabrochou depois do seu manual de boas maneiras. Ela escrevia uma coluna que era publicada em 160 jornais, apresentava seu próprio programa de rádio e recebia milhares de cartas de homens e (especialmente) mulheres pedindo conselhos.

## Jack Dempsey

Só um atleta norte-americano poderia igualar a fama de Babe Ruth (veja Março). Em 1922, Jack Dempsey era o campeão mundial dos pesos-pesados no boxe. Apelidado de "Manassa Mauler" em homenagem à sua cidade natal, no Colorado, ele era famoso pela ferocidade de seus socos e pela agressividade implacável com que lutava. O próprio Dempsey atribuía isso à sua dura criação e às suas experiências com a pobreza, que o obrigaram a participar de lutas improvisadas em bares por pouco dinheiro. "Quando eu era jovem, fui derrubado várias vezes", disse ele mais tarde. "Eu queria ficar no chão, mas não podia. Tinha que pegar os dois dólares que davam quando alguém vencia ou morreria de fome. Eu tinha que me levantar [...]. Você podia me acertar no queixo com uma marreta que eu me levantava. Fique dois dias sem comer e você vai entender."

Depois de progredir na categoria dos pesos-pesados, ele ganhara o título em 1919. A luta contra o boxeador francês Georges Carpentier, dois anos mais tarde, seria a primeira a gerar um milhão de dólares em bilheteria e a primeira a ser transmitida pelo rádio em todos os Estados Unidos. Dempsey nocauteara o francês em pouco mais de um minuto no quarto round e vencera.

Em 1922, ele lutou e manteve seu título outra vez, mais ou menos por acidente. Em julho, ele apareceria em uma luta de exibição em Buffalo, Nova York, que havia sido programada com antecedência, e disputaria alguns rounds contra três oponentes, um seguido do outro. No último minuto, a comissão atlética do estado de Nova York anunciou que, devido a uma regra que quase ninguém conhecia, ele só poderia lutar contra um homem, em quatro rounds, e que seu título estaria em jogo. O meio-pesado Jimmy Darcy, empresariado pela mesma equipe de Dempsey, entrou no ringue com o campeão. Darcy, que nascera na Romênia com o nome de Valeri Trambitas e chegara aos Estados Unidos aos nove anos de idade, era um lutador competente, mas não do mesmo nível de Dempsey. Segundo um repórter da época, "o campeão não quis se arriscar a perder seu título [...] e lutou os quatro rounds de forma magistral. Ao fim, ele venceu o adversário com folga". Se Darcy, por algum milagre, tivesse conseguido vencer Dempsey, ele seria sem dúvida um campeão mundial muito improvável. Pelo que deu para ver da luta, ele pôde se gabar para sempre de ter durado tanto tempo no ringue com Dempsey — Carpentier e Jess Willard, ex-campeão dos pesos-pesados, duraram bem menos.

## Racismo na Geórgia

Os afro-americanos James Harvey e Joe Jordan — um deles, veterano de guerra — passaram a primeira parte de 1921 caminhando pelo Deep South[1] em busca de trabalho. No verão, eles acabaram chegando a Liberty County, na Geórgia, onde foram empregados por um fazendeiro branco local. Depois de alguns meses, eles discutiram com o patrão sobre o valor do salário que ele estava lhes pagando. A esposa do patrão, então, acusou os dois trabalhadores de atacá-la e estuprá-la. Depois de um julgamento em que Harvey e Jordan não tiveram direito a uma defesa justa — o advogado designado pelo tribunal não tentara recolher nenhuma prova a favor deles —, os dois homens foram sentenciados à morte.

---

1  [N. T.] Deep South, que pode ser traduzido como "Sul Profundo" ou "Extremo Sul", é o nome dado à região cultural e geográfica dos Estados Unidos composta de estados do sudeste do país.

A Associação Nacional para o Progresso de Pessoas de Cor (National Association for the Advancement of Colored People, NAACP) lutou incansavelmente por eles, pedindo um novo julgamento, e a data da execução foi postergada várias vezes. Depois de um tempo, com a crescente adesão das pessoas a essa luta, o governador da Geórgia acabou concedendo um indulto aos dois homens e reduzindo a sentença à prisão perpétua.

Mas isso deixou uma parte da população branca de Liberty County enfurecida, cansada de como estava a lentidão jurídica. Em 1º de julho de 1922, um grupo de mais ou menos cinquenta homens capturou Harvey e Jordan enquanto eles eram transportados para a cadeia em Savannah, e os enforcaram na beira da estrada. Membros da NAACP de Savannah, depois de garantir que eles recebessem um enterro decente, começaram a investigar as circunstâncias em que tinham sido mortos. Logo ficou claro que o xerife e os oficiais da lei, responsáveis por levar Harvey e Jordan em segurança até a prisão, tinham sido cúmplices do crime. Testemunhas relataram para os investigadores da NAACP que o veículo no qual os dois homens estavam sendo transportados ficara horas parado na beira da estrada, esperando o grupo de homens chegar.

Esse acabaria sendo um dos raros casos de linchamento em que 22 pessoas, incluindo o xerife da cidade, seriam indiciados por assassinato. Quatro acabaram sendo condenados, embora a sentenças muito leves.

## SUzaNne Lenglen

Em 8 de julho, a tenista Suzanne Lenglen venceu seu quarto título feminino individual em Wimbledon. Já uma lenda viva em seu país natal, a França, onde a imprensa a apelidara de "Notre Suzanne" e "La Divine", Lenglen foi talvez a primeira atleta feminina a se tornar uma celebridade mundial. Não era só na França que ela virava manchete — mas no mundo todo. Ela convivia com a realeza e com as estrelas de Hollywood. As roupas que Lenglen usava em quadra, criadas especialmente para ela pelo designer parisiense Jean Patou, tornaram-na um ícone da moda.

Em sua primeira aparição no sudoeste de Londres, em 1919, Lenglen alcançara a vitória e imediatamente se tornara a favorita dos espectadores assíduos de Wimbledon. No ano seguinte, todos os olhos estavam voltados para ela. Um repórter disse, em um tom forte de ironia, que, em meio a uma partida masculina, "a multidão, que parecia bem feliz e contente, de repente se dispersou e foi correndo em direção à quadra quatro. O que viram lá, aparentemente, ninguém que lutou para abrir caminho até as fileiras mais próximas da quadra sobreviveu para contar. A experiência, no entanto, conecta o distúrbio sísmico à srta. Lenglen". Em um intervalo de poucos minutos, os espectadores se reuniram às centenas só para vê-la treinar em uma quadra externa, à noite.

Sua oponente na vitória de 1922, em Wimbledon, foi a norte-americana de origem norueguesa Molla Mallory, 15 anos mais velha do que Lenglen, e uma jogadora formidável (ela venceria o último de seus oito títulos no US Championship em 1926, aos 42 anos).

A partida, no entanto, durou apenas 26 minutos, a final do individual mais curta da história do torneio. Lenglen, no auge da carreira, venceu Mallory por seis a dois e seis a zero Essa vitória ocorreu em meio a uma extraordinária sequência de vitórias, em que a francesa havia disputado 179 partidas sem nenhuma derrota. Lenglen ganharia o título individual em Wimbledon pelo quinto ano sucessivo em 1923, e ainda uma sexta vez em 1925. Mais tarde, ela se tornaria uma das primeiras tenistas a avançar do status de amadora para o de profissional, dando assim um grande incentivo à profissionalização do esporte.

Nick Rennison

Ela também foi uma das primeiras mulheres atletas a fazer de seu nome uma marca. Não só escreveu um livro sobre o tênis (outras jogadoras também fizeram isso), como também foi autora de um romance. Também produziu uma gravação de gramofone para a HMV, um estúdio de gravação de música e filmes. Em 1934, ela participou da comédia musical britânica *As coisas estão melhorando*, em que interpreta uma professora francesa de uma escola para meninas. (O filme também marcou a estreia de Vivien Leigh nas telas.) Infelizmente, sua saúde começou a ficar mais frágil. Ela morreria quatro anos mais tarde, com apenas 39 anos.

## Diário de Um viciAdo em Drogas

No fim de julho, Aleister Crowley morava na Wellington Square, em Chelsea, quando terminou de ditar as 120 mil palavras do romance *Diary of a Drug Friend* [Diário de um viciado em drogas] para Leah Hirsig, sua "Mulher Escarlate". William Collins publicaria o livro quatro meses depois. Crowley nascera em Leamington Spa, em 1875, e já desfrutava de uma "carreira incomum": era poeta, montanhista, ocultista e boêmio; mas agora alcançaria outro nível de notoriedade. Seu romance, uma autobiografia mal disfarçada claramente baseada na experiência do próprio autor com as drogas, foi desprezado por um crítico anônimo no *Times Literary Supplement* — nas palavras desse crítico, o livro era "uma fantasmagoria de êxtases, desesperos e, sobretudo, palavrões". Já James Douglas, jornalista do *Sunday Express* — que tinha reputação de espumar pela boca quando confrontado com literatura ousada demais (ele considerara *Ulysses*, de Joyce, por exemplo, "o ápice da lubricidade e da obscenidade") —, ficou ultrajado e não fez rodeios em seu ataque frontal contra a obra de Crowley. "É um romance que descreve as orgias e os vícios praticados por um grupo degenerado", escreveu ele. "Os horrores do livro, dos mais básicos aos mais bestiais", prosseguiu, "são impossíveis sequer de [...] insinuar." Era, concluía, "um livro que deveria ser queimado". No fim de semana seguinte, o jornal expôs o autor de forma lasciva, acusando-o de "predar os aviltados" e de estabelecer um foco de "devassidão e vício" em seu templo de magia, a Abadia de Thelema, na Sicília. (O *Express* tinha razão. As atividades de Crowley na Sicília incluíam rituais frequentes de "magia sexual" e o consumo de enormes quantidades de cocaína, heroína e outras drogas. Para os leitores médios do *Sunday Express*, cujos prazeres eram bem suburbanos, isso era inconcebível.)

O ataque do *Express* à sua vida e obra teve um efeito ambivalente na carreira de Crowley como escritor. Por um lado, mostrou que, mesmo em 1922, falar mal de alguma coisa já é, em si, uma forma de promovê-la. A primeira edição de *Diary of a Drug Friend* esgotou antes do fim do ano. Por outro lado, o editor de Crowley, William Collins, chocado com o furor que a obra causara, se recusou a imprimir uma segunda edição e cancelou o contrato que Crowley assinara para escrever uma autobiografia.

No ano seguinte, os problemas de Crowley só aumentaram. Liderado pelo *Express* e pelos outros jornais que pertenciam a Lorde Beaverbrook, a imprensa continuou a perseguir Crowley. Uma revista o apelidou de "o homem mais perverso do mundo" — epíteto que grudou nele pelo resto da vida. Enquanto rumores sobre os acontecimentos profanos em sua "abadia" continuavam a crescer, o governo de Mussolini insistiu para que ele e seus seguidores deixassem a Itália. Crowley foi obrigado, então, a retornar para sua vida peripatética como ocultista e praticante de "mágica".

Agosto

devastação tufão oceano pacífico
Kingsmill
Moore
Al Capone
Jazz
Ku Klux Klan
Seita
Massacre
Fidel Elduayen
Geração
Pós-Guerra
Paul Harry Boland
Whiteman Bordel

A morte de Alexander Graham Bell é devidamente lembrada nos Estados Unidos. Na cidade costeira de Swatow, na China, um tufão mata milhares de pessoas. O assassinato de Michael Collins deixa uma triste marca na Irlanda em plena guerra civil. A era do jazz está a pleno vapor, e a viagem de Louis Armstrong, de Nova Orleans a Chicago, marca um ponto de virada na história da música. Também em Chicago, um jovem gângster experimenta pela primeira vez o gosto da fama. A Ku Klux Klan espalha seus tentáculos pelos Estados Unidos enquanto um julgamento na Califórnia revela os absurdos desse movimento. O maior barão da imprensa da Grã-Bretanha morre, e, em Londres, um herói tenta escapar da fama que suas façanhas na Primeira Guerra Mundial lhe trouxeram.

## Telefones mudos

Às 18h30, de acordo com o horário padrão do Leste dos Estados Unidos, no dia 4 de agosto, todos os treze milhões de telefones do país ficaram fora de serviço durante um minuto. Não era um problema técnico nacional, muito menos uma greve dos operadores de telefonia, mas sim uma pausa deliberada do serviço como um sinal de respeito ao homem que fizera a primeira ligação telefônica.

Quarenta e seis anos antes, Alexander Graham Bell ligara para seu assistente e pedira para ele vir até sua sala ("Sr. Watson, venha aqui, preciso vê-lo"). Bell, o inventor do telefone, nascera na Escócia e morrera em sua casa, na Nova Escócia, em 2 de agosto. O silenciamento de todos os telefones norte-americanos fora planejado para coincidir com seu funeral, mesmo que ele tivesse perdido grande parte do interesse por sua invenção mais famosa anos antes de morrer. Segundo os obituários, ele havia dito a repórteres em março, na ocasião de seu 75º aniversário, que não tinha sequer um telefone em seu próprio estúdio, nem na casa de sua nora, em Miami, onde passara o inverno anterior trabalhando em outras invenções.

Embora hoje ele seja lembrado principalmente pela invenção do telefone, Bell foi um homem notável em muitos outros aspectos. Quando ele e sua família emigraram para o Canadá, em 1870, foram morar perto da grande reserva das primeiras nações, em Ontário. Bell ficou fascinado com o idioma dos moicanos e traduziu o vocabulário não escrito deles para o *visible speech* [fala visível], um sistema de símbolos fonéticos criado por seu pai que ajuda surdos a se comunicarem. O Bell filho se tornou chefe honorário dos moicanos e foi iniciado em algumas de suas cerimônias, incluindo as danças tradicionais desse povo. Ao longo de sua vida e em momentos de animação, ele costumava fazer uma dança de guerra típica dos moicanos.

Suas outras invenções e patentes vão de um detector de metais antigo e um tipo de fonógrafo a vários "hidroaviões", bem como algo que ele chamou de "fotofone", um aparelho que transmitiria a fala através de um feixe de luz — esta, ele dizia, seria sua "maior invenção", "maior até que o telefone". Em um determinado ponto, ele pensou em usar "fotofone" como nome do meio de sua segunda filha, mas foi dissuadido pela esposa. Apesar do entusiasmo de Bell, o fotofone nunca decolou.

Seu interesse ao longo da vida em ajudar pessoas surdas se originara no trabalho do pai e na surdez da própria mãe, que o afetara profundamente quando era criança, em Edimburgo. Já um jovem adulto, ele trabalhara como professor para surdos e conhecera a notável Helen Keller, que superara a perda da visão e da audição ainda muito criança e se tornaria uma autora renomada mundialmente, além de palestrante e defensora pioneira dos direitos de pessoas com deficiência.

Nas décadas de 1880 e 1890, usando o dinheiro que ganhara com suas invenções, ele fundou o Volta Laboratory e depois o Volta Bureau, instituições que se dedicavam a estudar a surdez e a melhorar a vida dos surdos. Quando anunciaram a morte de Bell, Felix H. Levey, presidente da Instituição Americana para o Desenvolvimento de Surdos-Mudos, declarou que: "Totalmente à parte a monumental realização do professor Bell como inventor do telefone, seu trabalho conspícuo em nome dos surdos do país, por si só, lhe daria o direito à fama eterna."

## O tufão em Swatow

Em 27 de julho, as condições para a formação e o desenvolvimento de um tufão haviam sido detectadas inicialmente no oceano Pacífico. O tufão ganhou força quando atravessou o extremo setentrional das Filipinas, depois entrou no mar do Sul da China e chegou à costa chinesa, perto de Swatow, na noite de 2 para 3 de agosto, acompanhado de um enorme maremoto que fez encher de areia as ruas da cidade.

Hoje conhecida como Shantou, e com mais de cinco milhões de habitantes, Swatow era então um dos portos abertos no século XIX para negociar com o Ocidente. Os ventos que atingiram a costa sopravam a mais de 160 quilômetros por hora. O tufão carregou navios por mais de três quilômetros continente adentro.

A maioria dos habitantes de Swatow não vivia em casas, mas em sampanas e em outras embarcações que ficavam atracadas ao longo da costa, o que os tornavam particularmente vulneráveis à tempestade. Das 65 mil pessoas que moravam ali, mais de cinquenta mil morreram durante a passagem do tufão — as mortes nas regiões ao redor também foram consideráveis. Estima-se que o total de mortes pode ter alcançado a casa dos cem mil. Um meteorologista da época chegou a declarar que o evento "entraria para a história como sendo um dos piores, senão o pior tufão que já passou pelo Extremo Oriente".

Jornais da época, na Austrália e nos Estados Unidos, compararam a devastação à que ocorrera na Primeira Guerra Mundial. "As cenas lembram as da cidade de Ypres durante a guerra", um deles afirmou. "A tempestade destruiu todo o estoque de alimento e todo o suprimento de água [...]. Swatow está agora sob três metros de água. O porto está repleto de corpos flutuando, e a fome se espalha." A destruição generalizada prejudicou demasiadamente os esforços de resgate. Cadáveres que conseguiram ser resgatados tiveram que permanecer insepultos porque não havia caixões suficientes. Todos os píeres e flutuantes do porto tinham sido estilhaçados, tornando impossível o desembarque de suprimentos de socorro. Foram necessários muitos anos para que a cidade se recuperasse.

## O assassinato de Michael Collins

Agosto não foi um bom mês para aqueles que defendiam o Tratado Anglo-Irlandês durante a Guerra Civil Irlandesa. No primeiro dia do mês, o líder mais carismático do grupo pró-tratado, Michael Collins, foi cobrado das terríveis divisões que a guerra estava causando quando Harry Boland morreu no hospital de St. Vincent, em Dublin.

Amigo próximo de Collins, Boland se opusera ao tratado e, portanto, se colocara do outro lado do grande abismo que se abrira na Irlanda. Dias antes, ele havia sido baleado por soldados do IRA, enviados para prendê-lo. Collins ficou comovido com a morte do velho cúmplice da luta pelo fim do domínio britânico na Irlanda. "Passei no hospital de St. Vincent e vi uma pequena multidão do lado de fora", escreveu Collins. "Eu o vi morto, ali, e pensei no nosso tempo juntos [...]. Eu mandaria uma coroa, mas suponho que me devolveriam destruída."

Em 12 de agosto, Arthur Griffith morreu repentinamente. Griffith, que assinara o tratado com Collins, caiu inconsciente enquanto se abaixava para amarrar o sapato. Os médicos já o estavam socorrendo quando ele recuperou a consciência, mas não foram capazes de salvá-lo. Ele caiu de novo, com sangue escorrendo pela boca, e morreu enquanto um sacerdote lhe dava a extrema-unção. Ele tinha 51 anos. A causa oficial da morte foi hemorragia cerebral, mas alguns acreditavam que fora provocada por estresse e excesso de trabalho.

## 1922 | Agosto

A morte de Griffith foi uma notícia terrível, mas o pior ainda estava por vir. O próprio Collins seria vítima da guerra antes que o mês terminasse. Já haviam sido feitas outras tentativas de matá-lo. Em abril, um grupo de amigos e ele estavam descendo de um táxi, diante de um hotel em Dublin, quando foram recebidos com tiros. Em 11 de agosto, Collins partiu, junto de uma escolta, para o que deveria ser uma visita de inspeção do comando sudoeste do Exército nacional. A notícia da morte de Griffith acabou fazendo-o retornar a Dublin para o funeral do amigo, de onde ele partiu mais uma vez, dessa vez em direção a Cork. Ali, passou duas noites no Imperial Hotel, que havia sido ocupado pelo Exército.

Pouco depois das seis da manhã do dia 22 de agosto, Collins e seu camarada de confiança Emmet Dalton, com um pequeno comboio de motocicletas e carros, um deles blindado, deixaram o hotel. Eles planejavam visitar algumas regiões do condado cujos habitantes eram mais agressivamente contra o tratado, e, a uma hora ou mais de Cork, fizeram uma breve parada na minúscula aldeia de Béal na Bláth. Collins parecia ter se livrado da depressão e dos problemas de saúde de que vinha sofrendo nas últimas semanas.

Depois, quando parou no pub de seu primo Jeremiah, ele estava em um estado de espírito otimista. "Vou dar um jeito nesta guerra", o ouviram dizer. "Vou colocar um fim nela." É claro que sua presença em um território fortemente hostil e antitratado fora notada. Foi nesse momento que seus adversários planejaram uma emboscada em Béal na Bláth, caso Collins e seu comboio voltassem a Cork pela mesma rota. Se Collins e seus companheiros tivessem tido um pouco mais de bom senso, eles teriam voltado por um caminho diferente. A dúvida é: Por que não pensaram nisso? Talvez existissem poucas alternativas. Muitas estradas locais tinham sido bloqueadas; e pontes, explodidas.

Qualquer que tenha sido o motivo, o comboio se aproximou de Béal na Bláth pela segunda vez naquele dia cerca de 19h30.

Muitos homens do IRA contrários ao tratado, que tinham perambulado durante a maior parte do dia pela aldeia, tinham ido embora, supondo que Collins de fato escolhera outro caminho para voltar. Mas alguns ainda estavam por ali, esperando para emboscá-los, e, assim que o comboio passou, começaram a atirar.

Emmet Dalton ordenou que o motorista "saísse dali o mais rápido possível", mas logo em seguida Collins deu a ordem contrária, aos gritos: "Pare! Vamos lutar contra eles". Atirando de volta nos agressores por trás do carro blindado, Collins viu que alguns deles estavam mudando de posição e correu cerca de treze metros pela estrada antes de se jogar no chão e continuar a atirar.

Segundo Dalton, foi logo depois disso que ele ouviu alguém falar "Emmet, fui atingido". Quando seguiu a direção da voz do amigo, encontrou Collins deitado de bruços na estrada. Collins tinha um ferimento aberto na cabeça e, embora ainda estivesse consciente quando Dalton o alcançou, dava para ver que ele não iria aguentar muito mais. "Eu coloquei a cabeça dele no meu joelho com todo o cuidado", escreveria Dalton mais tarde, "e tentei fazer um curativo no ferimento dele, mas era muito grande, o que dificultava as coisas. Eu ainda não tinha terminado quando os grandes olhos dele se fecharam rapidamente, e vi a fria palidez da morte se espalhando pelo rosto do general".

Imediatamente depois da assinatura do tratado, em dezembro de 1921, Collins escrevera a um amigo estas sombrias e proféticas palavras: "Assinei minha sentença de morte." Seu corpo foi levado de volta para Cork para, então, ser transportado por mar até a capital irlandesa.

O funeral ocorreu em 28 de agosto. O caixão de Collins foi levado em procissão dentro de uma carruagem pelas ruas de Dublin antes de ser enterrado no cemitério Glasnevin. Um mês depois do assassinato, muitos dos principais combates da guerra tinham cessado, embora surtos de violência continuassem a acontecer em algumas partes do país pelo resto do ano e durante os primeiros meses do ano seguinte. A Guerra Civil Irlandesa terminou oficialmente em maio de 1923, quando o IRA anunciou o cessar-fogo, mas o legado dela lançaria uma sombra sobre a política da Irlanda até o fim do século XX.

Em 1948, o juiz e político Kingsmill Moore escreveu: "Mesmo agora, a política irlandesa é amplamente dominada pela amargura daqueles que caçaram e dos que foram caçados em 1922." Suas palavras continuaram a ressoar nas décadas seguintes. Hoje, os dois principais partidos políticos na Irlanda ainda são o Fine Gael e o Fianna Fáil, cujas raízes remontam à guerra civil de um século atrás.

## Todo aquele Jazz

Quando a década de 1920 não é descrita como "os estrondosos anos 1920", ela, em geral, é chamada de "a era do jazz". Costuma-se dizer que o termo foi inventado por F. Scott Fitzgerald. Embora alguns o tivessem usado antes, é certo que foi Fitzgerald quem o trouxe à atenção do público com *Seis contos da era do jazz*, título de seu livro de contos publicado pela primeira vez em 1922.

O jazz, particularmente nos Estados Unidos, foi a trilha sonora para muitos acontecimentos marcantes da década de 1920. Houve pessoas, no entanto, que não se deixavam entregar às suas delícias — médicos, por exemplo, advertiam sobre os perigos do jazz. Será que ele "tinha colocado o pecado em um ritmo sincopado", como uma revista declarou? Algumas pessoas tinham certeza de que sim.

O *Ladies' Home Journal* lançou uma cruzada contra o jazz. Seus editores, aturdidos com a imoralidade que o ritmo supostamente encorajava e com a dança de "movimentos de contorção e estímulo sensual", pediam que fosse "proibido legalmente". Enquanto isso, o escritor e diplomata Henry van Dyke dizia que o jazz era "uma cacofonia absoluta, uma espécie de música inventada por demônios para torturar os imbecis". Mas o *Ladies' Home Journal* dificilmente poderia se dizer um bom representante do espírito da época, e Van Dyke, bem... tinha nascido em 1852.

O público do jazz não era formado por matronas da classe média e septuagenários. Era a música da juventude, da geração do pós-guerra. Alguns dos maiores nomes da história do jazz — Kid Ory, Sidney Bechet, Coleman Hawkins, Fats Waller — já estavam em atividade. Duke Ellington e Count Basie estavam no início de suas carreiras.

O público branco ouvia uma versão mais diluída do jazz afro-americano, que era feita por músicos brancos — como, por exemplo, Paul Whiteman —, que, em geral, eram mais famosos que seus colegas negros. (Whiteman teve a ousadia de afirmar que seu jazz "removeria o estigma das cepas bárbaras e da cacofonia da selva" do jazz afro-americano.) Apesar disso, o acontecimento mais importante do ano para o jazz passaria despercebido pela maioria das pessoas.

O crítico cultural Kevin Jackson disse que o dia 8 de agosto de 1922 foi "talvez o dia mais importante da história do jazz". Foi nesse mesmo dia que Louis Armstrong, o cornetista de 21 anos original de Nova Orleans, já bem conhecido na Louisiana e nas festas dos barcos do rio Mississipi, pegou o trem em sua cidade natal e foi para Chicago. Ele fora convidado a se juntar a King Oliver e sua Creole Jazz Band. "Cheguei a Chicago lá pelas onze da noite", escreveria Armstrong mais tarde, "[...] eu estava olhando pela janela quando o trem parou na estação. Se alguém olhasse bem para mim poderia ver com facilidade que eu era um garoto do interior."

Tocando com King Oliver, não demorou para que Armstrong começasse a se sentir mais em casa. A qualidade da música que ouvia nos clubes e bares da cidade o surpreendeu. Ele sempre

## 1922 | Agosto

tinha achado que Nova Orleans era a capital norte-americana do jazz, mas foi obrigado a repensar. "Eu tinha medo de sair para comer e acabar perdendo uma só nota daquelas músicas incríveis", confessaria ele.

Foi em agosto que também estreou na Broadway uma "ópera jazz" de George Gershwin. Ainda não era a famosa *Porgy and Bess*, pois esta só apareceria na década de 1930; tratava-se de *Blue Monday*, encenada como parte da revista *George White's Scandals*, em 28 de agosto de 1922.

Gershwin, próximo ao aniversário de 24 anos, trabalhara anteriormente para o empresário George White e tinha sido contratado a fim de produzir uma peça que pudesse igualar o sucesso de *Shuffle Along* [Venha dançar junto], que havia sido um êxito no ano anterior e contava com a presença de artistas negros em seu elenco.

Trabalhando com o letrista Buddy DeSylva, Gershwin conseguiu escrever *Blue Monday*. Todos os personagens dessa peça de um ato, que conta a história de um jogador viciado em apostas que é baleado pela ciumenta amante, eram afro-americanos, mas — depois de uma decisão que parece quase inacreditável um século mais tarde — foram todos interpretados por cantores brancos com o rosto pintado de preto. Acabou não sendo o sucesso que esperavam. O público não estava preparado para um caso de amor fadado ao fracasso que se passava no Harlem. White, percebendo que *Blue Monday* não atendia às exigências de seu espetáculo, cancelou-o depois da primeira noite.

Mais tarde, ela seria apresentada no Carnegie Hall sob um novo título: *135th Street*. Sua real importância, porém, está no fato de que, por ser um exemplo do que às vezes é chamado de "jazz sinfônico", foi ela que pavimentou o caminho para as obras posteriores de Gershwin, como as aclamadas *Rhapsody in Blue* e *Porgy and Bess*.

Nick Rennison

## O ataque em IngleWooD

Durante os anos 1920, a Ku Klux Klan (KKK) estava crescendo em número de adeptos e expandindo sua influência por todo os Estados Unidos (veja Novembro). Embora sua presença fosse mais forte no Deep South, a seita tinha apoiadores até mesmo na Califórnia, onde suas atividades passaram a ser mais conhecidas depois do julgamento de 37 de seus membros em Inglewood, uma cidade do distrito de Los Angeles. Eles enfrentaram o tribunal em 7 de agosto de 1922, respondendo por fatos que haviam ocorrido meses antes.

A Klan tinha planejado atacar a casa da família de Fidel Elduayen, um suposto contrabandista que vendia bebida de má qualidade culpado de matar um homem e de cegar outro. O ataque já começou mal, pois viram que não havia vestes brancas suficientes para todos. Os participantes, então, foram instruídos a fazer a máscara com seus próprios lenços.

Vestidos com as máscaras improvisadas, eles chegaram à casa dos Elduayen, onde amarraram Fidel e o irmão Mathias e os ameaçaram de morte. Incomodado pelo barulho na casa ao lado e intrigado com o grupo de homens com lenços amarrados ao redor do rosto, o vizinho de Fidel resolveu telefonar para o policial local, Medford B. Mosher, mas ele não respondeu. Nem poderia, porque ele era, de fato, um dos homens que invadiram a casa dos Elduayen.

O vizinho tentou contato com o escritório do xerife da cidade e acabou tendo mais sorte. Dois policiais chegaram ao local em uma moto e foram recebidos pelos homens da Klan, que balançavam suas armas no ar. Houve uma curta troca de tiros, e um dos assassinos foi morto. Era o policial Mosher. Dois outros homens da Klan — que também eram oficiais da lei — foram baleados, mas se recuperariam depois.

1922 | Agosto

A averiguação do legista foi realizada logo na segunda-feira seguinte ao ataque. Evidências de todos os lados foram coletadas, incluindo na casa do Grande Goblin da Klan local (a seita dava preferência por títulos esquisitos e até ridículos, assim como por palavras que começavam com a letra "K"), um homem chamado William Coburn.

Ele afirmou que não havia nenhum homem da Klan no bando que invadira a casa dos Elduayen. Ele tinha ido até lá e andado pelos arredores proferindo seu "chamado de Grande Goblin" e ninguém respondera. Como era de esperar, o legista e o grande júri não consideraram seu testemunho conclusivo, e, no início de junho, Coburn e 36 outros criminosos foram indiciados por cárcere privado, sequestro e agressão.

O julgamento começou no dia 7 de agosto e logo houve um drama: um dos líderes da Klan "teve uma convulsão e desabou no chão" enquanto ouvia o testemunho de um dos filhos de Elduayen, tendo que ser tirado dali. A acusação tentou demostrar que o ataque tinha sido completamente ilegal desde o início; a defesa, por sua vez, argumentou que aquela fora uma resposta justa à venda ilegal de bebida.

O júri concordou com a defesa, e os assassinos foram todos absolvidos. Imediatamente após o veredito, Fidel e Mathias Elduayen foram presos e acusados de desrespeitar a Lei Seca dos Estados Unidos, promulgada três anos antes. O caso contra os dois se arrastou até fevereiro de 1924, quando os irmãos foram finalmente absolvidos.

## A morte de um barão da imprensa

Alfred Harmsworth, Lorde Northcliffe, morreu em 14 de agosto, aos 57 anos. Segundo o dono de um jornal concorrente,

Lorde Beaverbrook, Harmsworth era "a maior figura que já desceu a Fleet Street".

Mais do que qualquer outro contemporâneo, foi ele o responsável por moldar a imprensa britânica. Harmsworth nascera perto de Dublin, em 1865, e tinha apenas começado sua carreira de jornalista quando decidiu que ser dono de jornais e de revistas era um jeito muito melhor de ficar rico, mais fácil do que passar a vida inteira escrevendo reportagens. Em sociedade com o irmão, ele começara o semanário *Answers to Correspondents*, ainda aos vinte e poucos anos.

Na década de 1890, ele compraria o jornal quase falido *Evening News* e, por meio de técnicas então inovadoras para aquela época (manchetes chamativas e uso criativo de ilustrações junto ao texto), transformaria o jornal em um verdadeiro sucesso. Seis anos mais tarde, fundou o *Daily Mail*, que circula até hoje pela Northcliffe House, em Kensington. Embora menosprezado pelo primeiro-ministro Lorde Salisbury como um jornal "feito por estagiários e para estagiários", o *Mail* se tornou rapidamente um dos jornais mais vendidos.

Harmsworth aumentaria ainda mais seu império com a criação do *Daily Mirror*, em 1903. Cinco anos depois, ele estaria no centro da elite social, econômica e política ao comprar o *The Times*.

Em paralelo à sua carreira de jornalista, Harmsworth também foi o responsável por fundar a Amalgamated Press — que foi, em determinado momento, a maior editora do mundo — e criar diversos periódicos, do *Comic Cuts* (cujo slogan era "Divirta-se sem ser vulgar") ao *Filme Fun*, e revistas escolares, como a *The Magnet*, lar de Billy Bunter, um famoso personagem de história em quadrinhos da época.

As produções que tinham baixo custo de Harmsworth colocaram um fim definitivo à vertente de publicações vitorianas. Segundo as palavras de A. A. Milne, "Harmstworth acabou com

1922 | Agosto

os *penny dreadful* fazendo simplesmente meio *penny dreadful*"[2]. Em seus últimos anos, Harmsworth foi atormentado por problemas de saúde, tanto físicos, causados talvez pela rotina de trabalho excessiva, quanto mentais, que alguns afirmam terem sido consequência da sífilis.

Cada vez mais paranoico e delirante, ele passou a acreditar que as pessoas queriam matá-lo. Em uma ocasião, ele disse para o editor do *The Times* que o som de uma corda de persiana batendo na janela era, na verdade, o som de tiros sendo disparados contra ele. Passou seus últimos dias sob o cuidado de enfermeiros particulares, em alguns momentos, prometia a eles belas recompensas pelos serviços que estavam prestando, e, em outros, os ameaçava com violência caso fizessem tudo o que ele queria.

## Lawrence da Arábia se junta à Força aérea real

Em 30 de agosto de 1922, um homem que dissera se chamar John Hume Ross apareceu no escritório de recrutamento da Força Aérea Real na Henrietta Street, Covent Garden, em Londres. Ele foi reprovado no exame médico e, quando requisitado, não entregou a certidão de nascimento. O oficial de recrutamento descreveria, mais tarde, o candidato como "um cara magro e pálido", para ele "havia algo tão improvisado em seus modos, quase beirando a insolência, que imediatamente senti antipatia por ele". O oficial era totalmente a favor de rejeitá-lo, mas foi impedido de fazer isso. Apesar de todos os motivos para mostrar a John Ross a porta de

---

2   [N. T.] *Penny dreadful* era um tipo de literatura muito popular na Grã-Bretanha durante o século XIX. Em geral, eram livros curtos e ilustrados, muito baratos, que narravam histórias de crimes, assassinatos etc. — daí o nome (*penny* = centavos; *dreadful* = sinistro).

saída, o oficial recebeu instruções para aceitar seu alistamento, pois ele tinha amigos importantes.

O recruta era, na verdade, T. E. Lawrence, conhecido em quase todo o país como Lawrence da Arábia. Nos anos que se seguiram às suas façanhas na Primeira Guerra Mundial, quando se unira aos rebeldes árabes para lutar contra as tropas do Império Otomano, aliado da Alemanha, Lawrence voltara a estar, como um amigo havia chamado, "embaixo dos holofotes".

Ao mesmo tempo que Lawrence desejava a atenção de todos, ele afirmava desprezá-la. Em 1922, sua fama era tão grande que Lawrence só queria ser mais um anônimo. Decidiu que a melhor forma de conseguir isso era se juntar à Força Aérea Real como um humilde aviador, e estava mais do que disposto a mexer os pauzinhos para garantir que isso fosse possível.

O oficial de recrutamento de Covent Garden, que apontou para seu superior a flagrante irregularidade do procedimento, ouviu a seguinte instrução: "Cuidado, este homem é o Lawrence da Arábia. Aceite-o ou você vai ter que pegar o chapéu" (em outras palavras, sua dispensa). Mais tarde esse oficial se tornaria uma pessoa famosa. Seu nome era W. E. Johns, futuro autor de Biggles, uma série de livros de aventura publicada de 1930 a 1960, cujo herói era um piloto de avião, como seu criador.

John Ross, agora um piloto de segunda classe, foi destacado para um campo de treinamento em Uxbridge. Mais tarde naquele mesmo ano, ele foi enviado para a escola de fotografia da Força Aérea Real, na cidade de Farnborough. Por um breve período, ele se mostrou um aluno modelo. "Nada nele dava o menor indício de que ele seria o mais incrível piloto da Força Aérea Real", relembraria um dos oficiais de Farnborough. Mas o disfarce de Ross estava prestes a ser descoberto, pois a imprensa estava em cima dele.

Em 27 de dezembro de 1922, o *Daily Express* reportou, erroneamente, que ele tinha se juntado ao Exército como soldado.

Outros jornais descobriram que não, que ele estava alocado em outra cidade, e durante duas semanas a mídia, em frenesi, se alimentou de tudo que acontecia em Farnborough. Os repórteres não acreditavam que Lawrence tinha simplesmente se escondido, especulavam que havia algum motivo secreto por trás disso. "Ele devia saber que a Força Aérea Real poderia ensinar alguma coisa a ele", o *News of the World* assegurou, "ou levá-lo a algum lugar para onde ele queria ir".

Toda essa publicidade obrigou Lawrence a deixar a Força Aérea Real e a se juntar ao Exército sob o nome de Shaw. Mas ele odiou, e pediu aos amigos da Força Aérea Real que o readmitissem. Isso só aconteceria em 1925, e Lawrence da Arábia ganharia novamente outra identidade — dessa vez seria o piloto T. E. Shaw. Dez anos depois, logo depois de ter saído da Força Aérea Real pela segunda vez (seu período de serviço havia terminado), Lawrence, ou Shaw, se envolveu em um acidente, em que foi lançado para a frente por sobre o guidão da moto. Ferido gravemente, ele morreu seis dias depois.

## AL Capone é preso

No início da manhã de 30 de agosto, o jovem Alphonse "Al" Capone, de 23 anos, dirigia em alta velocidade pela North Wabash Avenue, em Chicago. Como tinha bebido, ele acabou perdendo o controle do carro e batendo em um táxi que estava estacionado.

Sem ferimentos, Capone saiu do veículo destruído sacudindo um revólver no ar e ameaçando atirar no motorista do táxi, Fred Krause. Mesmo que o pacato motorista estivesse apenas sentado dentro de seu próprio veículo, Capone — em estado de completa embriaguez — devia ter pensado que Krause era um gângster rival e que aquela era uma tentativa de matá-lo. Ainda enraivecido, Capone ficou apontando sua arma para transeuntes assustados. Um condutor de bonde que passava por ali foi corajoso ao lhe advertir que guardasse a arma, recebendo como resposta, em termos inequívocos, uma ordem para calar a boca. Logo a polícia chegou.

Quando os policiais pediram a Capone que mostrasse seus documentos, ele insistiu em apresentar um distintivo de xerife, que de alguma forma estava sob sua posse, e em lhes dizer que por isso era imune a qualquer lei. No fim, ele acabou sendo preso; Krause, que tinha se machucado na colisão, foi levado para o hospital em uma ambulância.

Em sua primeira aparição nos jornais de Chicago, "Alfred Caponi" foi descrito como um jovem gângster que morava no "notório Four Deuces, um bordel no número 2222 da South Wabash Avenue". Inicialmente acusado por usar um automóvel para agredir alguém, dirigir embriagado e portar uma arma em local público, ele não foi levado a julgamento. Seu chefe, o mafioso Johnny Torrio, mexeu alguns pauzinhos para garantir que ele se livrasse dessa.

Apesar de ser jovem, Capone já era um membro temido do crime organizado da cidade. Nascido em Nova York, ele se juntara à gangue Five Points quando ainda era adolescente, mas aos vinte anos havia se mudado para Chicago por sugestão de Torrio. Ele fazia todo o serviço sujo, e, em troca, o chefe o protegia. Quando Torrio decidiu que a vida de gângster estava ficando perigosa demais e partiu para a Itália, foi Capone quem herdou todo o império do crime. Torrio teria lhe passado o poder com as seguintes palavras: "É tudo seu, Al. Quanto a mim? Estou fora. Vou para a Europa."

Capone, com apenas 26 anos, se tornou o mais famoso criminoso dos Estados Unidos e o homem por trás do infame massacre no Dia de São Valentim de 1929. Apesar de seus vários crimes, ele só foi condenado e enviado para a prisão em 1931, acusado de

**1922 | Agosto**

sonegar impostos. Solto em 1939 por causa da saúde debilitada, ele passou a sofrer com as sequelas da sífilis, que provavelmente contraíra enquanto trabalhava como segurança em um bordel logo que havia chegado a Chicago. Al Capone morreria na Flórida, em 1947.

SETEMBRO

PEARL HARBOR
ASSASSINATO
CHARLES DOBSON
MEDITERRÂNEO
SEITA
DOOLITTLE
EXÉRCITO
DRAMA
MACHISMO
CONSTANTINO

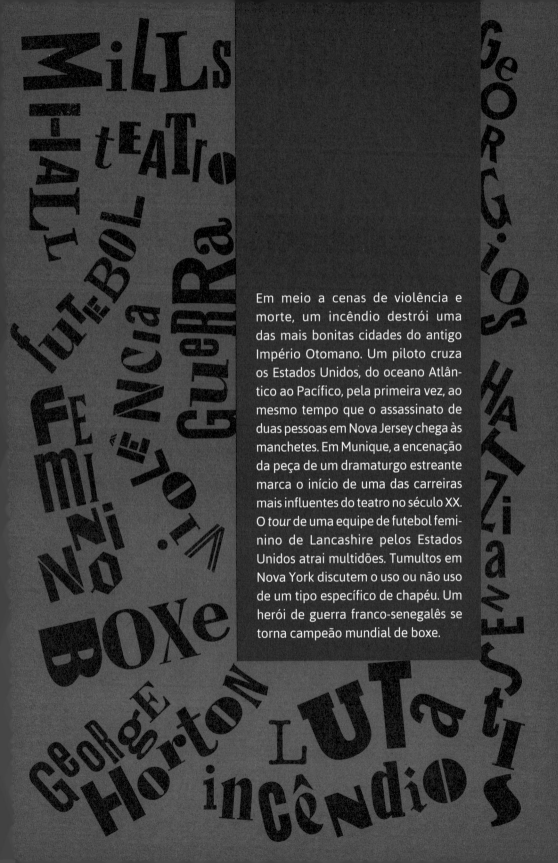

Em meio a cenas de violência e morte, um incêndio destrói uma das mais bonitas cidades do antigo Império Otomano. Um piloto cruza os Estados Unidos, do oceano Atlântico ao Pacífico, pela primeira vez, ao mesmo tempo que o assassinato de duas pessoas em Nova Jersey chega às manchetes. Em Munique, a encenação da peça de um dramaturgo estreante marca o início de uma das carreiras mais influentes do teatro no século XX. O *tour* de uma equipe de futebol feminino de Lancashire pelos Estados Unidos atrai multidões. Tumultos em Nova York discutem o uso ou não uso de um tipo específico de chapéu. Um herói de guerra franco-senegalês se torna campeão mundial de boxe.

# O grAnde incÊndio dE EsmiRna

No verão de 1922, Esmirna era uma das cidades mais cosmopolitas do mundo. "Em nenhuma outra cidade [...], o Oriente e o Ocidente se misturaram de modo tão espetacular", escreveu George Horton, cônsul dos Estados Unidos alocado na cidade. Esmirna estava situada no território da Turquia, mas era dominada por uma população grega de 320 mil habitantes. Além disso, havia ali pessoas de toda origem. "Você via gente de todo tipo", um jornalista francês relembraria mais tarde. "Donos de hotel suíços, comerciantes alemães, alfaiates austríacos, donos de moinho ingleses, mercadores de figos holandeses, corretores italianos, burocratas húngaros, agentes armênios e banqueiros gregos." Era um grande entreposto comercial e, mesmo depois dos horrores e levantes da guerra (que não atingiram Esmirna tanto quanto outras partes do agonizante Império Otomano), continuou sendo uma cidade próspera, sofisticada e charmosa. Apesar de tudo isso, foi em Esmirna, durante duas semanas em setembro de 1922, que se desenrolou uma das maiores tragédias do século XX.

Os terríveis acontecimentos em Esmirna foram uma consequência imprevista do caos que se seguiu à guerra e ao conflito entre duas maneiras diferentes de enxergar o futuro da Anatólia. Por um lado, havia a ambição de Kemal Atatürk (como ele se tornou conhecido mais tarde) de substituir o esfacelado Império Otomano por uma nova nação turca, modernizada e unida; por outro, havia o sonho do político grego Eleftherios Venizelos — a então chamada *megali idea* [grande ideia] — de expandir o governo grego de modo que incluísse todos os territórios da Anatólia onde houvesse uma população grega significativa. Os dois projetos eram incompatíveis; e o confronto entre gregos e turcos, inevitável.

Com o apoio de aliados como o primeiro-ministro britânico David Lloyd George, as forças gregas desembarcaram em Esmirna em maio de 1919 e assumiram o controle da cidade, bem como de seus arredores. No ano seguinte, os gregos avançavam cada vez mais para o interior da Anatólia.

No verão de 1921, os gregos estavam em ascensão, e os nacionalistas turcos, sob o comando de Kemal, batiam em retirada. O rei grego, Constantino I, havia tido uma trajetória como monarca cheia de altos e baixos, incluindo um período no exílio, quando fora substituído por Alexandre, seu filho. Alexandre morrera aos 27 anos depois de ser mordido por um macaco de estimação e desenvolver uma sepse fatal, sendo assim o pai foi restaurado ao trono.

Naquele momento, em 1921, Constantino fez uma visita triunfal a Esmirna, onde foi recepcionado como um herói pelos habitantes gregos da cidade. O estado da Turquia não o surpreendeu, só serviu para fortalecer sua já firme convicção de que a expansão grega era necessária. Os turcos eram incapazes de qualquer progresso e, escreveu ele, "já era hora de desaparecerem mais uma vez e voltarem para o interior da Ásia, de onde vieram". Suas tropas e seus generais concordavam com ele. Todos estavam mais do que preparados para mandar os turcos embora. Só que acabaram subestimando não só o oponente, como também o terreno em que o enfrentariam.

No início de setembro de 1921, tropas gregas estavam no coração da Turquia, mas sua ofensiva estava paralisada. Pior ainda, seus eixos de suprimento, que tinham chegado ao limite máximo, estavam sob constante ataque de mercenários turcos. Um tempo depois, eles foram obrigados a recuar e a buscar abrigo, e ficaram encalhados no meio da Anatólia sem conseguir avançar ou voltar para trás. A única opção era permanecer onde estavam e rezar.

Durante a maior parte dos doze meses seguintes, os antes triunfantes — e agora cada vez mais desmoralizados — soldados gregos ficaram nessa situação precária, presos na Anatólia central. As perspectivas não melhoraram nem mesmo quando o general Georgios Hatzianestis, que tivera uma carreira militar acidentada, assumiu o comando do então chamado Exército da Ásia Menor. No fim do inverno de 1922, ele acabou desenvolvendo sérios problemas mentais. Em alguns dias, sofria de delírios que o faziam acreditar que seus pés eram feitos de vidro, e se recusava a levantar-se, com medo de quebrá-los. Como era de esperar, muitos começaram a dizer que ele deveria era estar internado em um asilo psiquiátrico, e não no papel de comandante em chefe de um Exército.

As tropas sob seu comando estavam em péssimo estado — cansadas, longe de casa e totalmente desmoralizadas. Em 26 de agosto, Kemal ordenou a seus soldados que atacassem o Exército grego. "O objetivo de vocês é o Mediterrâneo", dissera ele. Em questão de dias, as tropas turcas tinham conquistado a vitória. Batalhões de soldados gregos foram quase dizimados. Dezenas de milhares de soldados foram feitos prisioneiros. Fugindo do campo de batalha de forma desorganizada, os sobreviventes seguiram para a costa da melhor forma que podiam, parando só para incendiar vilas e aldeias. Logo uma grande quantidade de pessoas, tanto militares quanto civis, fugiu para tentar escapar do caos.

Em 6 de setembro, o primeiro dos que haviam fugido dos tumultos no interior chegou aos arredores de Esmirna. A carta de uma testemunha descrevia "o fluxo sem fim de desertores gregos". Eles pareciam, segundo essa mesma testemunha, "uma ralé miserável, esfarrapada, cansada e abatida; com eles, estavam centenas de refugiados gregos e turcos caminhando sob o sol escaldante, em meio a nuvens de poeira quente rodopiando no ar".

No amanhecer do dia seguinte, havia mais de cem mil refugiados necessitando de cuidados acampados nas ruas de Esmirna, e outros milhares chegavam a cada hora. Quando as tropas de Kemal, que estavam atrás deles, entraram triunfalmente na cidade, no sábado, dia 9 de setembro, elas demonstraram imensa tranquilidade. Previsões sombrias sobre o caos e a destruição que as tropas de Kemal poderiam trazer mostraram-se equivocadas. Hortense Wood, membro de uma das prósperas dinastias comerciais do primeiro escalão da sociedade de Esmirna, escreveu em seu diário: "Uma disciplina e um silêncio perfeitos. Nenhum tiro foi disparado. E assim veio a mudança da administração grega para a turca, em perfeita tranquilidade e contra todas as expectativas e apreensões." Uma garantia extra para os cidadãos de Esmirna eram os navios de batalha atracados no porto, pertencentes às maiores potências da Europa; onze deles eram embarcações britânicas e cinco, francesas. Elas protegeriam a cidade de qualquer ameaça das tropas turcas, não é?

No entanto, ainda havia muitas pessoas entre as comunidades grega e armênia que estavam apavoradas com a chegada dos homens de Kemal. E foram eles, não otimistas como Hortense Wood, que se provariam corretos. Na manhã de domingo, soldados turcos começaram a tumultuar um bairro armênio de Esmirna. Alguns não faziam parte do Exército de Kemal, eram apenas mercenários, mas outros com certeza faziam. Crisóstomo Kalafatis, o clérigo sênior da Igreja Ortodoxa Grega de Esmirna, foi confrontado por uma multidão enraivecida ao sair da reunião com o comandante em chefe turco. Ele foi capturado pela multidão e submetido aos tormentos mais terríveis.

Segundo uma testemunha ocular, "começaram a espancá-lo com os próprios punhos e com bastões, e a cuspir no rosto dele. Eles o esfaquearam, arrancaram a barba e os olhos dele, cortaram fora o nariz e as orelhas". Soldados franceses foram impedidos de interferir por seu comandante, que havia sido ordenado a permanecer neutro. O mutilado Kalafatis foi arrastado até uma viela onde morreu em decorrência dos ferimentos. Setenta anos mais tarde, ele seria declarado mártir e canonizado pela Igreja.

A situação em Esmirna continuou a piorar. Na terça-feira de manhã, a cidade tinha dezenas de milhares de refugiados, quase todos gregos que haviam fugido dos conflitos no interior, e mais pessoas continuavam chegando. Eles estavam cada vez mais à mercê dos soldados turcos, cuja tranquilidade agora era coisa do passado.

Os oficiais provaram ter pouca autoridade sobre seus homens. Gregos e armênios se tornaram alvos de agressões brutais e de atrocidades. A cidade estava caindo rapidamente em um estado de anarquia. Pilhagens, assassinatos e estupros estavam se tornando comuns. O reverendo Charles Dobson, vigário da igreja anglicana em Esmirna, ficou horrorizado com as atrocidades que testemunhou. Quando ele corajosamente se aventurou pela cidade, por onde passava, via cadáveres. "Havia tiroteios constantes nas vielas", escreveu ele, "seguidos de gritos e de gente correndo em pânico. Os turcos estavam saqueando tudo, nem faziam questão de esconder". Talvez a cena mais terrível que ele viu tenha sido no bairro armênio. "Eu fiquei particularmente chocado com um monte [de corpos] de mulheres e bebês; havia uma garotinha, quase nua, com um tiro no peito e sangue coagulado nas coxas e nos órgãos genitais, dava para adivinhar tudo o que ela tinha passado antes de morrer."

Dobson talvez tivesse pensado que nenhum desastre pior do que esse poderia atingir a cidade, mas então veio o dia seguinte. O fogo atingiu as áreas gregas e armênias de Esmirna. Ainda há controvérsia sobre quem foi o responsável por iniciá-lo, mas a maioria das evidências aponta que soldados turcos teriam deliberadamente colocado fogo em edifícios. Na segunda-feira, um sacerdote armênio viu "os turcos levando bombas, pólvora, querosene, tudo que fosse necessário para atear fogo em alguma coisa, em carroças". No entardecer da quarta-feira, havia quase um milhão de pessoas no cais, acuadas até a orla marítima pela parede de fogo. "O grito das pessoas ali no cais podiam ser ouvidos a mais de um quilômetro e meio de distância", disse uma delas. "Dava para escolher entre três jeitos de morrer: pelo fogo, pela mão dos turcos ou no oceano adiante."

    O clérigo anglicano Charles Dobson, que havia conduzido um grande número de cidadãos britânicos até os navios de guerra na baía, olhou para a cidade com dor no coração. Ela não passava de "uma massa assustadora de chamas, enquanto a orla marítima estava coberta de seres humanos desesperados". Na sexta-feira de manhã, o mar estava repleto de cadáveres flutuando. Era grotesco ver dezenas de jovens e meninos turcos nadando entre os corpos, procurando itens de valor para roubar. "Eles estavam com o nariz coberto por lenços amarrados atrás da cabeça, para que não sentissem o fedor dos corpos podres", disse alguém que presenciou a cena. "Eles usavam facas afiadas para cortar os dedos e a ponta das orelhas dos mortos para roubar anéis e brincos." Não é de estranhar que um dos sortudos que conseguiu escapar da cidade escrevesse mais tarde: "Um dos sentimentos mais fortes que Esmirna deixou em mim foi a vergonha de pertencer à raça humana."

## Um heRói da guerRa cruza oS EsTAdos Unidos

De 4 a 5 de setembro, Jimmy Doolittle, que mais tarde ficaria famoso pelo "ataque Doolittle" — uma resposta ao ataque a Pearl Harbor —, em Tóquio, na Segunda Guerra Mundial, atravessou pela primeira vez os Estados Unidos de ponta a ponta em um dia, do oceano Atlântico até o Pacífico.

    Em 21 horas e 19 minutos, ele voou de Jacksonville, na Flórida, até San Diego, na Califórnia, fazendo apenas uma parada de uma hora no Texas para reabastecer. Logo depois do pouso, Doolittle fez seu próprio relato do voo para os repórteres. Ele havia se deparado com uma forte tempestade algumas horas depois da decolagem. "Estava tudo um breu", contou ele aos jornalistas, "mas a luz dos relâmpagos me ajudou a localizar os pontos de referência". A chuva o acompanhara durante todo o trajeto, até San Antonio, no Texas, mas Doolittle — como era costume dos homens inabaláveis da época — fez pouco dos perigos que enfrentara. "Você teve algum problema?", perguntaram-lhe. "Nem um pouco", respondeu ele. O máximo que chegaria a admitir foi que sentira um pouco de fome depois da viagem. "Eu comeria algo", disse ele a simpatizantes depois de pousar seu Havilland DH4 em Rockwell Field, San Diego.

## O assassiNAto de HalL e Mills

Se o julgamento de assassinato que ganhou as manchetes de toda a Grã-Bretanha em 1922 foi o de Edith Thompson e Freddy Bywaters (veja Dezembro), podemos dizer que o equivalente nos Estados Unidos é o caso Hall e Mills.

Em 6 de setembro, a operária Pearl Bahmer, uma adolescente, e seu namorado mais velho, Raymond Schneider, saíram para caminhar no campo próximo à cidade de New Brunswick, Nova Jersey. Tomando um caminho pouco frequentado, eles ficaram surpresos de ver duas pessoas caídas embaixo de uma macieira. Pearl caminhou lentamente em direção a eles e então chamou o namorado. "Venha aqui! Acho que não estão respirando!" Ela e o namorado tinham encontrado os corpos do clérigo Edward Wheeler Hall e de sua amante, a corista Eleanor Mills. Ambos tinham levado tiros na cabeça, Hall um, e Mills três. Além disso, a garganta de Mills tinha sido cortada. Um detalhe terrível era que, como os cadáveres estavam ali havia mais de um dia, o ferimento no pescoço "estava inteiramente coberto de vermes".

As vítimas eram bem conhecidas em New Brunswick. O reverendo Hall era o pastor da Igreja Episcopal de São João Evangelista, e a sra. Mills cantava no coro da mesma igreja. Como muitas pessoas da comunidade sabiam, ou pelo menos suspeitavam, os dois eram amantes. "O reverendo não tinha tempo de me visitar uma vez por ano, mas ele via a sra. Mills oito ou nove vezes por semana", disse um paroquiano com raiva. Qualquer dúvida sobre o relacionamento deles foi dissipada pelo conteúdo das cartas de amor que haviam sido rasgadas e espalhadas ao redor dos cadáveres. "Eu ficaria olhando para seu rosto adorável por horas, enquanto você toca meu corpo", escrevera Eleanor Mills. O pastor tinha sido igualmente apaixonado na resposta: "Quero vê-la sozinha na sexta-feira à noite, sozinha na nossa estrada", dissera ele, "onde podemos ser nós mesmos, sem restrições, no universo de alegria e felicidade que chamamos de nosso". Ele assinava como DTL ou, em alemão, *Dein Treuer Liebhaber* [seu verdadeiro amante]; ela o chamava de modo mais coloquial, "Babykins".

Como era de esperar, os assassinatos — uma mistura tentadora de sexo, violência e religião em um ambiente aparentemente respeitável — atraíram atenção nacional. Os tabloides ficaram em frenesi com a cobertura da tragédia. Turistas iam ao local onde os corpos haviam sido encontrados às centenas. As pessoas arrancaram a casca inteira do tronco da macieira, para servir como suvenir da viagem. Vendedores de pipocas e de refrigerantes montaram suas barracas ali.

Embora a sra. Hall e seus dois irmãos fossem os suspeitos de terem cometido os assassinatos, a primeira investigação não deu em nada. Só depois de quatro anos que o governador do estado, pressionado pelas notícias de novas evidências, ordenou uma segunda investigação. Em novembro de 1926, a sra. Hall e seus irmãos foram finalmente levados a julgamento, mas acabaram sendo absolvidos. Ao longo das décadas seguintes, várias teorias sobre quem matara o casal foram apontadas, algumas mais plausíveis do que outras. Um escritor chegou a sugerir que o casal fora morto por membros da Ku Klux Klan, indignados com o fato de Hall e Mills terem desrespeitado as regras morais que a Klan considerava serem as corretas. O caso permaneceu sem solução, embora a maioria daqueles que escreveram sobre o assunto questionasse o veredito de 1926, dizendo que a sra. Hall tinha escapado impune. O assassinato de Hall e Mills serviu de inspiração para vários romances e filmes das décadas de 1920 e 1930. Mais recentemente, a estudiosa de literatura norte-americana, Sarah Churchwell, sugeriu que Scott Fitzgerald teria se interessado pelo caso e que indícios desse interesse podem ser encontrados na trama de *O grande Gatsby*.

## A primeira peça dE BErtolD Brecht

Em 29 de setembro, *Tambores na noite*, peça de Bertold Brecht, foi encenada pela primeira vez pela companhia de teatro Kammerspiele, em Munique. Brecht nascera em 1898 na cidade bávara de Augsburgo, onde seu pai administrava uma fábrica de papel.

Iconoclasta mesmo quando ainda estava na escola, no começo da Primeira Guerra Mundial (ele foi quase expulso do colégio por ter escrito um ensaio que ridicularizava a ideia de alguém morrer pelo país), ele escrevera sua primeira peça, *Baal*, em 1918, quando estudava na Universidade de Munique. A peça só chegaria aos palcos cinco anos mais tarde. Enquanto isso, *Tambores na noite*, um drama expressionista sobre um soldado que retornava da guerra, tendo como pano de fundo o levante espartaquista da esquerda, tornava-se a estreia de Brecht como dramaturgo profissional. Dirigida

Nick Rennison

por Otto Falckenberg, um campeão no teatro de vanguarda, a peça estrelava o ator austríaco Erwin Faber, ainda no início de uma carreira que duraria até a década de 1980, no papel do soldado Andreas Kagler; e Max Schreck, o vampiro do filme *Nosferatu* de F. W. Murnau (veja Março), em um papel coadjuvante.

*Tambores na noite* foi um sucesso imediato, e a notícia logo chegou a Berlim. Herbert Ihering, um dos mais influentes críticos de teatro da Alemanha, viajou da capital até Munique somente para ver a peça, e ficou extasiado com ela. "Bert Brecht", escreveu ele, "mudou a literatura da Alemanha da noite para o dia". Ele elogiou "a força criativa inigualável da linguagem" de Brecht, que dava "para sentir na língua, na gengiva, nas orelhas, na coluna vertebral [...]". Com tantos elogios à sua primeira obra, Brecht se tornou imediatamente um forte candidato ao prêmio Kleist, o prêmio literário anual mais importante da Alemanha. Como o juiz do prêmio era Herbert Ihering, não foi surpresa para ninguém quando, em novembro, Brecht foi anunciado vencedor. Uma segunda produção de *Tambores na noite* foi encenada no prestigioso Deutsches Theater, em Berlim, no mês seguinte. Brecht, então com 24 anos, foi lançado em uma carreira que o tornaria um dos mais admirados e influentes dramaturgos do século XX.

## Um time de futebol só de mulheres

Em 24 de setembro, um time de futebol inglês jogou a primeira partida de sua turnê norte-americana contra o Paterson F. C. em Nova Jersey. Não havia nada de estranho nisso. Times da Grã-Bretanha haviam cruzado o Atlântico antes, tentando estimular um interesse maior pelo esporte nos Estados Unidos. O estranho era que toda a equipe que entrou em campo para jogar contra os homens do Paterson era formada de mulheres. O Dick, Kerr Ladies F. C.

**1922 | Setembro**

chegara à América do Norte. A equipe tinha sido formada em Preston durante a Primeira Guerra Mundial, quando operárias da Dick, Kerr e Cia., uma fabricante de bondes que se transformara em fábrica de munições, decidiram desafiar seus colegas homens para uma partida informal de futebol. Elas venceram e, a partir de então, continuaram a derrotar outras equipes em uma série de partidas filantrópicas. O time de futebol formado por mulheres habilidosas atraiu a atenção de todos, e elas logo começaram a enfrentar equipes cada vez mais fortes. Em 1920, grandes multidões já assistiam aos jogos em que elas disputavam. No dia seguinte ao Natal daquele ano, um jogo contra o time St. Helen's Ladies reuniu assombrosos 53 mil espectadores no Goodison Park, que estavam ali só para vê-las.

Isso foi a gota d'água para os homens da Associação de Futebol. Em dezembro de 1921, eles proibiram que partidas de futebol feminino acontecessem nos campos de seus associados. A desculpa esfarrapada deles era que desejavam proteger as mulheres do dano físico que os jogos de futebol poderiam causar, mas o real motivo era óbvio: o sucesso dos jogos femininos ameaçava a receita da associação. Da noite para o dia, os times femininos começaram a ter dificuldades em alugar quadras adequadas e bem cuidadas onde pudessem jogar.

No outono de 1922, o Dick, Kerr Ladies arrumou uma solução. O time sairia em turnê. Elas perderam aquela primeira partida contra o Paterson pelo placar de seis a três, mas tinham se saído bem — "Somos campeões nacionais e foi muito difícil derrotá-las", afirmou um dos jogadores do Paterson —, e ainda jogaram mais seis partidas contra outros times norte-americanos. Elas terminaram a turnê com três vitórias, três empates e três derrotas. Uma das partidas mais difíceis ocorreu em 8 de outubro, em Washington D. C., contra os homens do time de futebol da cidade. Aos 35 minutos do segundo tempo, o Washington estava na liderança, mas o Dick,

Kerr acabou marcando mais dois gols nos últimos dez minutos, e o placar final foi de quatro a quatro. A estrela do time visitante foi Lily Parr, uma jogadora de dezessete anos que acabaria se tornando uma das maiores jogadoras da história do futebol feminino. Em 2002, ela foi a única mulher entre os primeiros homenageados no Hall da Fama do Futebol Inglês, no Museu Nacional do Futebol, onde atualmente está uma estátua dela.

Ao deixar Washington com uma bola de futebol autografada pelo presidente Warren Harding, o Dick, Kerr Ladies jogou mais algumas partidas antes de voltar para casa, em 9 de novembro. Quando voltaram, ainda enfrentaram a inveja da Associação de Futebol. (A censura continuaria até 1971.) Quatro anos depois, o time mudou o nome para Preston Ladies F. C., e continuou a disputar partidas filantrópicas e outras em campos menores até 1965. Apesar de todos os obstáculos colocados em seu caminho, o Dick, Kerr Ladies continuou a atrair milhares de pessoas durante toda a década de 1930.

## A revOLta contra chapéus dE paLHa

Um dos motins mais esquisitos da história norte-americana começou em 13 de setembro. Os surtos de violência decorrentes dele se arrastaram por oito dias e resultaram em inúmeros feridos, prisões e em uma destruição em larga escala de chapéus masculinos. Nos anos 1920, havia uma regra informal de que ninguém deveria usar chapéu de palha depois de um certo dia de setembro. Se um homem fosse visto usando um depois dessa data, muito provavelmente ele teria o chapéu arrancado da cabeça e pisoteado. O motim começou em Five Points, uma área agitada de Nova York, quando um grupo de jovens decidiu sair por aí derrubando chapéus de palha. Os primeiros alvos, operários de fábricas, encararam aquilo como uma brincadeira. Mas a coisa ficou feia quando a gangue tentou tirar o chapéu dos trabalhadores das docas. Os estivadores resistiram e uma grande briga logo se desenrolou. O trânsito na ponte de Manhattan teve que ser interrompido, a polícia entrou na briga e prendeu alguns participantes.

Houve mais violência na noite seguinte. Multidões de jovens, muitos portando bastões e outras armas, andaram pelas ruas em busca de homens que ainda estivessem usando chapéu de palha. Quando os encontravam, eles destruíam o chapéu e espancavam seu dono. Foi como a manchete do *New York Times* disse: "Gangues de jovens malfeitores portando bastões aterrorizam quarteirões inteiros". As ruas ficaram cheias de chapéus de palha destruídos. Dois policiais estavam descendo a Terceira Avenida quando "dez ou doze garotos armados com bastões saíram correndo de suas casas perto da rua 109". Oito deles foram levados para a delegacia de polícia local, mas, como todos tinham menos de quinze anos, eles não podiam ser presos. Em vez disso, um tal de tenente Lenihan "deu um sermão neles e os mandou de volta para casa, recomendando aos pais darem uma boa surra neles". O jornal não foi informado se os pais seguiram ou não o conselho do tenente.

Incidentes que aconteceram nos dias seguintes foram bem mais sérios. Um homem chamado Harry Gerber cometeu o erro de tentar se defender quando uma gangue de jovens quis destruir o chapéu dele. Eles o espancaram e Gerber foi parar no hospital Harlem. Alguns vândalos também ficaram feridos. John Sweeney, de apenas dez anos, se juntou a garotos mais velhos para pisotear alguns chapéus na Sétima Avenida e acabou sendo atingido por um carro, quebrando a perna.

Depois de mais ou menos uma semana de distúrbios esporádicos, o Motim dos Chapéus de Palha de 1922 chegou ao fim. Embora este seja o pior motim dentre todos que haviam acontecido até então, a tradição de pegar chapéus de palha e em seguida pisoteá-los continuou por alguns anos. (Em 1924, um homem chegaria a ser morto por usar um.) No início da década seguinte, ela seria praticamente esquecida, até porque as pessoas usavam chapéu de palha cada vez menos. Hoje, a ideia de que as ruas de Nova York se enchiam de furiosos desordeiros procurando um tipo de chapéu para pisotear parece ridícula.

## BaTTling SiKi

Enquanto o campeão mundial dos pesos-pesados Jack Dempsey ficou de fora das manchetes durante grande parte do ano, um dos mais extraordinários lutadores da história do boxe alcançou o auge de sua carreira na Europa. Battling Siki (pseudônimo de Louis Mbarick Fall) era senegalês e, depois de lutar pelo Exército francês na Primeira Guerra Mundial, fora reconhecido por sua bravura com diversas medalhas. Com o fim da guerra, Siki retomou a carreira no boxe, iniciada em 1912, e, depois uma série de vitórias, se viu prestes a enfrentar Georges Carpentier, o boxeador que Dempsey derrotara em 1921.

Em 24 de setembro de 1922, Siki e Carpentier travaram luta em Paris durante os campeonatos mundial e europeu de boxe dos meios-pesados. Durante a polêmica luta, Siki derrotou o oponente no sexto round. Embora estivesse inconsciente no momento, Carpentier havia sido declarado vitorioso, pois, segundo o árbitro, Siki teria cometido uma falta. Mas os juízes não concordaram com o julgamento do árbitro e deram a vitória para Siki. Ele só perderia o título seis meses depois, para o irlandês Mike McTigue, mas por enquanto ele só queria curtir sua vitória. Ele deu festas luxuosas em clubes noturnos parisienses, sempre cercado de mulheres atraentes, caminhou pela Champs-Élysées com um filhote de leão na coleira e atirou dinheiro para transeuntes desconhecidos. No entanto, a vida de Siki, arruinada por sua própria autoindulgência e pelo racismo, logo chegaria a um fim trágico. Depois de perder para McTigue, ele se mudou para os Estados Unidos, apegando-se a um fio de esperança de que um dia lutaria contra Dempsey — coisa que nunca aconteceu. O álcool o levou a brigas em bares clandestinos, confrontos com a lei e estadias frequentes em celas de delegacias. Em dezembro de 1925, ele foi encontrado morto, deitado de bruços em uma rua do Hell's Kitchen, em Nova York. Ele tinha levado dois tiros nas costas, provavelmente por causa de dívidas que nunca foram pagas. Tinha só 28 anos.

# Outubro

- Entretenimento
- Fascismo
- Literatura
- BBC
- Socialismo
- Notícias
- Rádio
- Aeronave
- Revista
- Milícia
- Loening
- Confronto
- Alcoolismo

O rádio está deixando rapidamente de ser o passatempo de alguns poucos amadores e entusiastas para se tornar um meio de comunicação de massa global. Na Grã-Bretanha, surge a BBC. Um piloto norte-americano alcança outro marco da aviação. O poema mais influente da literatura inglesa do século XX é publicado pela primeira vez em uma pequena revista. Morre Marie Lloyd, a lendária estrela do *music hall*. A Itália se torna o primeiro Estado fascista quando o rei Vítor Emanuel III indica Mussolini para o cargo de primeiro-ministro da nação.

## A criAção da BBC

Antes dos anos de 1920, o rádio só era interessante para um grupo de amadores e entusiastas. Hoje, nós provavelmente os chamaríamos de nerds. Quando a década de 1920 começou, no entanto, havia sinais de que o potencial do rádio era muito maior do que todos pensavam. Mil novecentos e vinte e dois foi o ano em que o rádio deu um grande salto em direção à sua transformação em um meio de comunicação de massa, nacional e internacional. Fazia menos de dez anos que a palavra "radiotransmissão" havia sido inventada, supostamente por um norte-americano chamado Charles Herrold. Da estação que ele mesmo tinha construído em San José, Califórnia, Herrold lançara um programa de conversa e música. Ele também reivindicava para si a criação de rádios comerciais, pois uma vez ele tinha aceitado fazer o anúncio de uma loja local de gramofones em troca de alguns discos.

Nos Estados Unidos, um pequeno número de estações seguiu o exemplo de Herrold e começou a transmitir notícias, programas de entretenimento e reportagens esportivas. Em 9 de janeiro, foi lançada em Pittsburgh a KQV-AM, uma das primeiras estações AM dos Estados Unidos. Nos meses seguintes, mais estações entraram no ar, e, já no fim do ano, havia mais de quinhentas espalhadas pelo país, atendendo às demandas de uma audiência que crescia a passos rápidos. Nem todo mundo estava satisfeito. Como acontece com todo novo meio de comunicação; havia críticos mesquinhos ávidos para colocar defeito. Um escreveu de forma depreciativa sobre "a confusa e indiscriminada competição por música, palestras desinteressantes e conversas enviesadas que [...] eles chamam de programas". Mas a maior parte dos ouvintes parecia gostar, e os números cresciam.

Em fevereiro, o primeiro rádio de Warren Harding foi instalado na Casa Branca, e milhões de norte-americanos seguiram o exemplo do presidente. Alguns meses mais tarde, Harding se tornou o primeiro presidente dos Estados Unidos a ter a voz transmitida pelo rádio, por ocasião da inauguração do memorial a Francis Scott Key, o homem que escrevera a letra do hino nacional dos Estados Unidos. Mas haveria mais.

Em Michigan, no fim de maio, a Detroit News Orchestra se tornou a primeira orquestra de rádio do mundo, sendo transmitida pela estação WWJ. Em 1921, o campeonato anual de beisebol World Series foi o primeiro a ser transmitido pelo rádio, por uma estação que havia acabado de começar a operar em Newark, Nova Jersey. Mas foi em outubro de 1922 que houve um grande esforço para que as partidas do campeonato daquele ano fossem ao ar e atingissem uma audiência maior. Um famoso jornalista esportivo da época, Grantland Rice, foi contratado para comentar os jogos ao vivo. Temendo que sua voz ficasse rouca, ele decidiu fazer pausas extensas para não sobrecarregá-la. É claro que, enquanto Riley "descansava" e a transmissão ficava em silêncio, os ouvintes ficavam sem saber de nada do que estava acontecendo no campo.

Na Grã-Bretanha, a British Broadcasting Company (BBC) — que só se tornaria uma corporação em 1927 — foi oficialmente fundada em 18 de outubro. A empresa surgia no rescaldo de um período agitado de transmissões pioneiras do início dos anos 1920. Com a chegada da nova década, a Marconi Company começara a transmitir programas curtos duas vezes ao dia, de meia hora de duração, com notícias e músicas de gramofone. Na ocasião, os funcionários que mais gostavam de música também ajudavam na programação. Assim que essas contribuições começaram a receber retornos positivos, a ambição de Marconi cresceu. A empresa convidou a diva da ópera Dame Nellie Melba para apresentar um recital ao vivo. Depois de proclamar que sua voz "não serviria de experimento para nenhum jovem amador e sua lúdica caixinha mágica", ela foi convencida a participar. Quando chegou às instalações da Marconi, ficou claro que Dame Nellie não sabia direito como o rádio funcionava. Um funcionário fez um *tour* com ela pela empresa e lhe mostrou os transmissores de mais de quarenta metros, do alto dos quais a voz dela seria transmitida para ouvintes de todo o mundo. "Meu jovem", respondeu ela, "se você acha que vou subir ali, está muito enganado".

Em fevereiro de 1922, a estação de rádio 2MT começou a transmitir programas de entretenimento duas vezes por semana a partir de um antigo galpão do Exército na vila de Writtle, em Essex. As primeiras transmissões não fizeram muito sucesso. O sinal era fraco, e os poucos ouvintes reclamavam que o som era abafado.

Usando um anúncio ("Aqui é a Dois Eme Tê, Writtle testando, Writtle testando") que conquistou rapidamente número crescente de ouvintes, o engenheiro da Marconi, Peter Eckersley, primo do escritor Aldous Huxley, se tornou o primeiro locutor de rádio conhecido no país. No começo, Eckersley não pretendia ir para a frente do microfone, mas em uma noite qualquer, depois de uma ou duas taças de um bom vinho, topou o desafio. Ele estourou o tempo programado, não conseguiu tocar as gravações e decidiu cantar ele mesmo. Em programas posteriores, ele apresentou esquetes cômicos feitos no calor do momento e improvisou paródias de árias operísticas.

Nos primeiros meses, os programas musicais consistiam basicamente em gravações, mas a empresa queria que uma estrela de grande nome se apresentasse ao vivo. O tenor wagneriano dinamarquês Lauritz Melchior parecia se encaixar no perfil e estava disposto a se apresentar. Infelizmente, Melchior estava acostumado a projetar muito a voz para conseguir ser ouvido com clareza em uma casa de ópera. Em sua apresentação ao vivo, ele parou diante do microfone e começou a cantar. O transmissor não conseguiu fazer frente à poderosa voz de Melchior, e entrou em colapso, tirando a emissora do ar. Foi só quando o tenor foi colocado a mais de três metros de distância do microfone que a transmissão pôde ser retomada. Durante um tempo, quando havia problemas com equipamentos, os engenheiros de som o chamavam de "colapso Melchior".

Peter Eckersley se tornou o primeiro engenheiro-chefe da BBC, embora em 1921 tenha caído em desgraça com o puritano John Reith, seu chefe, depois de se envolver em um caso de adultério com a esposa do motorista Edward Clark. (Dorothy, a amante de Eckersley que mais tarde se tornaria sua esposa, acabou virando uma simpatizante nazista na década de 1930, tendo trabalhado para emissoras alemãs durante a guerra. Em 1945, foi julgada por fornecer apoio ao inimigo e passou um ano na prisão. O próprio Eckersley, admirador de Oswald Mosley, foi descrito como, "na melhor das hipóteses, um tolo companheiro de viagem fascista, e, na pior, um traidor".)

Outra estação da Marconi, a 2I°, cujo transmissor estava localizado em Strand, foi inaugurada em maio de 1922. Assim como a 2MT, a 2I° queria ser um marco na transmissão de alto nível. Em sua primeira transmissão, os comentários da luta entre Ted "Kid" Lewis, da Inglaterra, e o francês Georges Carpentier foram transmitidos direto do ringue, por meio de uma ligação telefônica entre a rádio e o repórter. Infelizmente, para os fãs ingleses e para a estação de rádio, Carpentier venceu a luta por nocaute no primeiro minuto do primeiro round.

O pessoal da 2I° teve que se esforçar para encontrar outras formas de preencher o tempo da transmissão. Apesar de todo esse revés, o rádio continuou a crescer. O governo tomou a decisão de criar um único órgão que fosse responsável pelas radiotransmissões na Grã-Bretanha. Nascia, assim, a BBC.

Os primeiros boletins de 21 horas da BBC foram transmitidos em 14 de novembro, às dezoito horas e às 21 horas, e eram lidos pelo "diretor de programa" original, Arthur Burrows. Os ouvintes foram informados sobre um discurso do primeiro-ministro Andrew Bonar Law, sobre um roubo de trem, sobre a neblina em Londres, sobre a venda da primeira edição de um livro de Shakespeare e, estranhamente, sobre os últimos resultados de uma grande partida de bilhar. Como experimento, Burrows leu os boletins duas vezes, a segunda mais devagar que a primeira, e convidou os ouvintes a dizer qual tinham preferido.

Nos meses seguintes, outros formatos que se tornariam a base da programação começaram a aparecer. O primeiro programa de entrevistas da emissora foi transmitido um pouco antes do Natal, embora não saibamos de que assunto foi tratado. O segundo foi ao ar no início de 1923 e intrigava as pessoas logo no título: *Como pegar um tigre*. O primeiro drama escrito para o rádio também foi transmitido pela BBC — *The Truth About Father Christmas* [A verdade sobre o Papai Noel] foi ao ar na véspera do Natal de 1922. (Arthur Burrows, o homem que lera o primeiro boletim de notícias mais ou menos um mês antes, era quem interpretava o Papai Noel.)

Conforme a programação se desenvolvia, as estações da BBC também aumentavam. As estações de Manchester e Birmingham tinham começado a funcionar no início do ano. Em dezembro, era lançada a radiodifusão de Newcastle. Apesar de uma falha na noite de abertura, causada pelos uivos de um cachorro preso em um canil perto do estúdio que puderam ser ouvidos ao fundo, logo a estação se tornou um sucesso.

Dez dias antes do Natal de 1922, a BBC fez a nomeação mais importante dos seus primeiros anos. John Reith, filho devoto e religioso de um ministro da Igreja Livre da Escócia, aceitou o posto de gerente-geral que haviam oferecido a ele. Mais tarde, ele confessaria que não tinha ideia de quais eram as responsabilidades do cargo, tampouco certeza do que significava a palavra "radiodifusão". Mas ele acreditava em si e nos planos de Deus. "Estou tentando me manter próximo a Cristo em tudo o que faço", escreveu ele em seu diário, "e rezo para que ele continue perto de mim. Tenho muito trabalho a fazer".

Reith nascera em Stonehaven, na costa nordeste da Escócia, em 1889, mas se mudara com a família para Glasgow ainda pequeno. Durante seu estágio como engenheiro em uma empresa de locomotivas, ele se especializara em comunicações via rádio, mas com o início da Primeira Guerra Mundial sua carreira fora interrompida. Ele se juntara ao 5º Batalhão de Rifles Escoceses e depois fora transferido para os Engenheiros Reais. Depois de dois anos nos Estados Unidos supervisionando contratos de armamento para o Ministério das Munições, ele terminaria a guerra como major dos Engenheiros Navais Reais.

Retornando à vida civil, ele trabalhara como gerente de uma empresa de engenharia em Glasgow antes de se candidatar ao emprego que faria seu nome conhecido por todos. Os primeiros dezesseis anos da BBC seriam moldados por Reith, cuja influência poderia ser sentida mesmo um século depois. Foi Reith quem assegurou que o propósito da emissora era "educar, entreter e informar", palavras que ainda fazem parte da missão da empresa.

## O primeiro salto ReaL de PAraquedaS

Em 1922 ocorreram muitas estreias na aviação (veja Março e "Setembro"). Em 20 de outubro, Harold R. Harris se tornou o primeiro homem a sobreviver a um salto de paraquedas feito de dentro de um avião. (O paraquedas já tinha sido usado em vários saltos testes, mas essa era a primeira vez que envolvia um perigo de morte real.) Piloto de teste do Serviço Aéreo do Exército dos Estados Unidos em McCook Field, perto de Dayton, Ohio, Harris estava no ar quando perdeu o controle do avião. Era abandoná-lo ou morrer. A uma altitude de cerca de oitocentos metros, ele juntou toda a coragem que tinha e pulou da cabine. Depois de uma queda livre de seiscentos metros, ele puxou a corda do paraquedas. O equipamento fez ele flutuar pelos duzentos metros restantes até pousar entre as videiras do quintal de alguém. Ele teve apenas hematomas nas mãos e nas pernas, causados quando precisou lutar com o leme para recuperar o controle do avião, momentos antes de perceber que só o paraquedas poderia salvá-lo. Sua aeronave, um monoplano Loening, caiu ao lado de um edifício em Dayton. Ninguém ficou ferido. Mais tarde, Harris foi condecorado com a Medalha Aérea dos Estados Unidos por "realizar um feito digno de mérito durante um voo aéreo". Ele teria uma carreira de destaque na aviação, atuando como vice-presidente da Pan American Airways.

## A teRRa devastadA

*Ulysses*, de James Joyce (veja Fevereiro), não foi o único clássico da literatura publicado em 1922, o ano que mais de um escritor chamou de *annus mirabilis* do modernismo literário. Em outubro, T. S. Eliot publicou o que viria a ser considerado o poema mais influente do século. Nascido em St. Louis, no Missouri, Eliot estudara na Universidade de Harvard e na Sorbonne, em Paris. Três anos depois de seu retorno aos Estados Unidos, ele acabou se mudando de vez para a Europa, em 1914, quando conseguiu uma bolsa de estudo no Merton College, em Oxford. Em 1922, ele já tinha passado um período trabalhando como professor, publicado dois livros de poesia (*Prufrock e outras observações* e *Poemas*) e assumido um cargo no Lloyd's Bank.

Nick Rennison

Durante grande parte do ano, Eliot não só cumpriu os deveres de seu cargo no banco, como também lutou para realizar o antigo sonho de fundar uma revista literária que fosse o reflexo de seu gosto pessoal e do tão abrangente modernismo europeu. Os seiscentos exemplares da primeira edição de *The Criterion* começaram a circular em outubro. A revista, que não teria o apreço de todos do mundo literário, seria publicada até as vésperas da Segunda Guerra Mundial. Em 1935, em uma carta para um amigo, George Orwell escreveu que "é uma das coisas mais arrogantes que já vi". No entanto, durante sua existência, a revista publicaria escritores tão distintos quanto Virginia Woolf, W. H. Auden, W. B. Yeats e Marcel Proust, e se tornaria o principal periódico literário de sua época. A primeira edição incluía, entre outros textos, um levantamento da poesia alemã feito por Hermann Hesse, e uma crítica de *Ulysses* escrita pelo francês Valery Larbaud.

Mas a maior contribuição para a literatura viria do próprio Eliot. Entre as páginas cinquenta e 64 de sua revista estava a primeira versão do poema *"A terra devastada"*. (Ele apareceria em livro pela primeira vez nos Estados Unidos, em dezembro, em uma edição que continha as notas que Eliot omitira da *The Criterion*. Os britânicos amantes da poesia modernista tiveram que esperar até o ano seguinte por uma edição britânica. A editora The Hogarth Press, criada por Virginia Woolf e seu marido Leonard, seria a responsável pelo lançamento da obra no Reino Unido.) *"A terra devastada"* era de uma originalidade extraordinária, inspirada tanto nas dificuldades de Eliot na época quanto no desespero com que ele via a desintegração da cultura ocidental no pós-Primeira Guerra Mundial. Como Kevin Jackson escreveu no livro *Constelação de gênios*, "seria difícil descrever a miséria da vida pessoal de Eliot nos anos que antecederam '*A terra devastada*'". O poeta tinha se casado com Vivienne Haigh-Wood em 1915, mas o relacionamento logo se tornara um tormento para ambos. Ela tinha problemas de saúde recorrentes, tanto mentais quanto físicos, e durante longos períodos ele era obrigado a cuidar da esposa em tempo integral. Em outros momentos, ela só conseguia se recuperar em casas de repouso. Nos breves períodos em que estava bem, Eliot desconfiava que ela era infiel. É muito provável que Haigh-Wood tenha tido um breve caso com o filósofo Bertrand Russell logo depois de seu casamento. Eliot, por sua vez, era um marido frio e emocionalmente distante, pouco simpático às necessidades da esposa. Mais tarde, ele confessaria: "Acabei me persuadindo de que estava apaixonado por Vivienne simplesmente porque queria queimar os navios e me comprometer a ficar na Inglaterra [...]. Para ela, o casamento não trouxe felicidade nenhuma. Para mim, trouxe o estado de espírito do qual surgiu '*A terra devastada*'". Ao mesmo tempo, Eliot estava completamente desiludido com a sociedade ao seu redor. O formato fragmentado de *A terra devastada* reflete a crença de que a cultura, antes íntegra e saudável, agora se dividia em partes irreconciliáveis.

Os poemas pregressos de Eliot muitas vezes haviam sido recebidos com perplexidade e irritação. O crítico Arthur Waugh, pai de Evelyn Waugh, considerava os poemas de Eliot "delírios de um hilota bêbado". Muitos dos primeiros críticos de *"A terra devastada"* usaram palavras igualmente enraivecidas. "Um desfile pomposo de erudição", definiu um deles. Outro sugeriu que "esse livro infeliz deveria ser deixado para afundar sozinho". John Squire, editor da *The London Mercury*, uma famosa revista literária do entreguerras, simplesmente ergueu as mãos e admitiu que havia sido vencido: "Li o poema do sr. Eliot várias vezes quando foi publicado", escreveu ele no ano seguinte. "E tenho que o ler mais vezes, pois ainda sou incapaz de entendê-lo." No entanto, muitos outros viram imediatamente que aquele era um grande poema. Um crítico anônimo do *Times Literary Supplement* escreveu que "não há outro poeta moderno que revele de modo mais adequado e comovente o emaranhado inextricável da sordidez e da beleza que formam a vida". O poeta norte-americano Conrad Aiken disse que a obra era "inquestionavelmente importante e brilhante".

Apesar da aclamação e da difamação, poucos talvez tenham percebido a força inovadora do poema de Eliot. O livro *Late Lyrics and Earlier with Many Other Verses* [Poemas recentes e antigos e muitos outros versos], nova antologia do grande nome da literatura inglesa da época, Thomas Hardy, seria muito mais comentado. Para muitos amantes de poesia, o grande lançamento de outubro de 1922 seria um livro publicado apenas alguns dias depois do lançamento da primeira edição da *The Criterion*. *A Shropshire Lad* [Um rapaz de Shropshire], de A. E. Housman, havia sido publicado em 1896 e fizera um imenso sucesso. Desde então, os admiradores da poesia melancólica e romântica do professor de Cambridge estavam esperando um segundo volume de seus versos. *Last Poems* chegaria para acabar com um jejum de 26 anos. "Nem todos os velhos deuses da literatura estavam mortos", diria Kevin Jackson. O livro de Housman se tornou um *best-seller* do dia para a noite.

## A morte de Marie Lloyd

Em 1922, o *music hall* era uma das formas mais populares de entretenimento em massa, as maiores casas de espetáculo atraíam grandes audiências a cada noite. Artistas veteranos que tinham começado sua carreira na era vitoriana, como Albert Chevalier (que estrelara a comédia *Knocked 'Em in the Old Kent Road*) e o "primeiro-ministro da alegria" George Robey, ainda estavam em pleno exercício. E novos artistas, como Max Miller, começavam a despontar. Para a infelicidade de muitos, como é de imaginar, o dia 7 de outubro chegou com a notícia da morte de Marie Lloyd, talvez a maior estrela do *music hall* de todos os tempos. Lloyd era amada tanto pela classe trabalhadora quanto pelos intelectuais. T. S. Eliot, um de seus admiradores, escreveu inclusive um ensaio elogiando a trajetória da cantora. No obituário do *Manchester Guardian*, Lloyd foi descrita como "uma artista tocada pela genialidade", embora um pouco mais à frente estivesse escrito que ela "às vezes ofendia ouvidos delicados".

Matilda Wood, verdadeiro nome da cantora, nascera em 1870. Quando aparecera no palco pela primeira vez, ainda adolescente, ela assumira o nome de Bella Delmere, mas logo mudou para aquele pelo qual seria lembrada. Com sua nova identidade, ela se tornou uma grande estrela, e, com canções como *Don't Dilly Dally, The Boy I Love Sits Up in the Gallery* e *One of the Ruins that Cromwell Knocked About a Bit*, conquistou uma popularidade que nunca mais perderia. Suas canções iam do sentimentalismo à picância, mas todas exprimiam uma resiliência particularmente *cockney* diante das dificuldades da vida. Ela precisava dessa resiliência fora dos palcos porque sua vida era bem difícil. Lloyd se casara três vezes, todas com homens mais problemáticos do que companheiros. Perto de morrer, ela vinha ficando cada vez mais dependente de álcool.

Seus últimos anos de vida foram marcados por diversos problemas de saúde, mas ela continuou a se apresentar e ainda era muito amada pelos fãs. No começo de outubro, ela estava em uma situação crítica e, mesmo assim, se recusava a passar uma noite sequer em casa. Desafiando os médicos, Lloyd foi se apresentar no Empire Music Hall, em Edmonton, mas ela não conseguia manter o equilíbrio no palco e, a certa altura, acabou caindo. Muitas pessoas na plateia presumiram que os movimentos cambaleantes de Lloyd eram parte da peça e caíram na gargalhada. Sua aparição final foi no Alhambra Theatre, que ficava no lugar do atual Odeon, na Leicester Square. Ali, ela passou mal e teve que voltar para casa imediatamente, onde morreu de falência cardíaca e renal três dias depois. Estima-se que mais de cinquenta mil pessoas estivessem presentes em seu funeral, no cemitério Hampstead.

Nick Rennison

## A marcha dos fascistAS em Roma

Na Itália, o ano de 1922 foi marcado pela crescente instabilidade política, pelos confrontos nacionais entre a direita e a esquerda e pela ascensão ao poder do líder fascista Benito Mussolini.

Mussolini nascera em Predappio, uma pequena cidade na região de Emília-Romanha, em 1883. Filho de um ferreiro socialista e de uma devota professora católica, ele se mostrara um aluno inteligente e problemático em quase todas as escolas para as quais fora enviado. Ainda jovem, ele se exilou na Suíça por vontade própria — a fim de fugir do serviço militar obrigatório —, lecionou por algum tempo como professor e trabalhou durante anos como jornalista para uma série de jornais de esquerda. Ele chegou até a escrever um romance, *Claudia Particella, a amante do cardeal*, uma espécie de texto histórico pouco edificante sobre a vida sexual de um cardeal do século XVII, publicado por capítulos no jornal socialista em que Mussolini era editor assistente. (Depois que "Il Duce", como Mussolini era conhecido, assumiu o poder, seus textos da juventude foram desenterrados e republicados. Seu romance foi até traduzido para o inglês.)

Durante a Primeira Guerra Mundial, ele defendeu que a Itália interviesse no conflito, por isso acabou sendo expulso do Partido Socialista Italiano. Depois de servir na guerra, Mussolini retornou para a política e para o jornalismo, completamente desiludido com o socialismo. Assim, em 1921, ele fundou o próprio partido, o Partido Nacional Fascista (PNF), que rapidamente conquistou apoiadores.

No ano seguinte, houve uma série de demonstrações violentas estimulada pelo fascismo, cujo poder só crescia. Maio foi um mês particularmente problemático. Em várias cidades italianas, os apoiadores de Mussolini se rebelaram contra a greve geral convocada pelos partidos de esquerda. Em junho, cerca de quinze mil

# 1922 | Outubro

apoiadores invadiram as ruas de Bolonha, conhecido reduto do socialismo italiano, colocaram fogo em prédios públicos e espancaram qualquer um que passasse por eles. Mussolini e o PNF agora eram reconhecidos nacional e até internacionalmente. Mais tarde naquele mesmo mês, um jornalista norte-americano do *Toronto Daily Star* conseguiu uma entrevista com Mussolini. O jornalista, Ernest Hemingway, ficou surpreso com o homem que conheceu. "Ele não é o monstro que eu imaginava", relatou. No entanto, Hemingway não se deixava iludir pelos camisas-negras. Em outro artigo para o jornal de Toronto, naquele mesmo mês, disse: "Eles têm uma predileção por matar sob a proteção da polícia, e gostam de fazer isso."

Enquanto isso, o governo oficial da Itália estava em crise. O primeiro-ministro Luigi Facta renunciara em 19 de julho, mas, na ausência de qualquer alternativa viável, acabou retornando para o cargo quinze dias depois. Nessa época, o país estava próximo de uma guerra civil, próximo demais até. Em 6 de outubro, Mussolini declarou para uma grande multidão em Milão que "na Itália, existem dois governos — um fictício, liderado por Facta, e um real, liderado pelos fascistas. O primeiro deve dar lugar ao segundo". Dezoito dias mais tarde, no Congresso Fascista em Nápoles, ele radicalizou ainda mais: "Ou nos dão o governo", gritou ele, "ou nós vamos tomá-lo marchando sobre Roma". Os apoiadores reunidos ali respondiam com rugidos de "Roma! Roma!".

Apesar do nome pomposo, a Marcha sobre Roma não foi uma demonstração tão impressionante do poder fascista quanto seria afirmado mais tarde. Ela, na verdade, reuniu de vinte a trinta mil camisas-negras pouco disciplinados que foram para a capital partindo de diferentes direções. O próprio Mussolini se juntou a eles brevemente, quando posou para fotos em meio a apoiadores e admiradores. A maioria dos membros da milícia fascista parou a cerca de cinquenta quilômetros de Roma, pois uma chuva torrencial aos poucos os convenceu de que já era hora de voltar para casa.

Qualquer rebelião poderia ter sido facilmente evitada se houvesse vontade política para tanto, mas não havia nada nesse sentido. Facta, ainda no cargo de primeiro-ministro, quis fazer uso da lei marcial e quis colocar o Exército contra os camisas-negras, mas tais decisões precisavam ser chanceladas pelo rei. O rei Victor Emmanuel III, temendo uma guerra civil, se recusou a dar sua autorização.

Em 29 de outubro, o rei indicou Mussolini para o cargo de primeiro-ministro. Desse modo, Victor Emmanuel afastava a ameaça de confronto militar que a Marcha sobre Roma sinalizava, mas entregava as rédeas do governo para o PNF. "Na Itália, os fascistas chegaram ao poder por meio de um golpe de Estado", escreveu em seu diário o conde Harry Kessler, escritor, diplomata e político anglo-germânico. "Caso se mantenham no poder, este será um acontecimento histórico cujas consequências imprevisíveis podem atingir não só a Itália, mas toda a Europa." Kessler, é claro, estava correto. Mussolini chegou em Roma em 30 de outubro. Tinha ido até lá de trem, em vez de marchar ao lado de seus seguidores e, no minuto seguinte, deu início à consolidação de seu poder. Os camisas-negras inundaram as ruas da cidade, e a marcha se transformou em um desfile de vitória. Giuseppe Bottai, um dos tenentes do grupo, soltou esquadrões de fascistas no distrito operário de San Lorenzo, conhecido foco de socialistas e, na violência que se seguiu, treze pessoas foram mortas e centenas acabaram ficando feridas.

A resistência a Mussolini continuou firme e forte. Turim era um centro de atividade socialista e sindical, mas, em dezembro, tornou-se cenário de um ataque cruel e sangrento por parte dos fascistas. Prédios que abrigavam sindicatos foram totalmente queimados; gráficas dos jornais de esquerda foram destruídas, e seus editores, ameaçados; pelo menos, doze socialistas foram mortos; Pietro Ferrero, anarquista e líder sindical, foi torturado e arrastado pelas ruas da cidade amarrado a uma traseira de caminhão.

**1922 | Outubro**

Em Munique, o oficial do Partido Nazista Hermann Esser, participando de uma reunião na cidade de Hofbräuhaus, anunciou confiante que "o Mussolini da Alemanha se chama Adolf Hitler". O próprio Hitler não tivera um ano tão bom. Tinha passado um mês na cadeia. Em setembro de 1921, ele e vários outros membros do Partido Nacional Socialista (incluindo Hermann Esser) tinham causado um tumulto em uma cervejaria de Munique, onde seu rival político Otto Ballerstedt realizava uma reunião. Eles haviam invadido o palco de onde Ballerstedt discursava e o arrastado para fora da cervejaria. Em janeiro de 1922, Hitler e seus companheiros nazistas foram levados a julgamento. Ele e Esser foram condenados a cem dias na prisão Stadelheim, em Munique, mas Hitler cumpriria apenas um mês de sua pena, tendo ficado preso de 24 de junho a 27 de julho.

Mil novecentos e vinte e dois foi, no entanto, o ano em que as notícias desse, a princípio, agitador de direita começaram a se espalhar fora da Alemanha. Em novembro, o *New York Times* publicou seu primeiro artigo sobre Hitler, reconhecendo o poder de sua retórica e o "controle misterioso" que ele exercia sobre sua audiência na Baviera. O *Times* também se tornou o primeiro de muitos jornais em língua inglesa a subestimar Hitler e a interpretar mal as ideias antissemitas que ele propagava em alto e bom som. O antissemitismo de Hitler, disse o repórter, não era "tão real ou violento quanto parecia", era usado apenas "como isca para capturar uma massa de seguidores". Os anos seguintes a essa declaração mostrariam o quanto o jornalista do *Times* estava equivocado.

NOVEMBRO

FUZILAMENTO
ERSKINE CHILDERS
DUBLIN
TRATADO ANTI
ANTICATÓLICA
CONSERVADOR
PENA DE MORTE
ONZE
SEIS MESES
CONTRA
ARMAS
COMUNISMO
PRÊMIO NOBEL

O autor de um romance de espionagem é executado em Dublin, enquanto a Guerra Civil Irlandesa coloca antigos aliados uns contra os outros. Do outro lado do Atlântico, o novo líder da Ku Klux Klan é um dentista do Texas. Na eleição britânica, os conservadores chegam ao poder depois da queda do governo de Lloyd George, e o Partido Trabalhista dobra seu número de cadeiras na Câmara dos Comuns. Em Londres, um comissário da polícia quase é morto em um complô. Depois de mais de seis séculos, o Império Otomano deixa de existir, e seu último sultão é mandado para o exílio. Albert Einstein vence o Nobel de Física. No Egito, Howard Carter faz a descoberta arqueológica do século. Em Paris, morre o romancista Marcel Proust, cuja última palavra teria sido "Mãe!". A primeira senadora da história dos Estados Unidos passa somente um dia no cargo.

## A execuçãO de ErsKinE ChIlders

Em 24 de novembro, Erskine Childers foi executado por um pelotão de fuzilamento no Beggars Bush Barracks, em Dublin. Nascido em Londres, ele descendia, pelo lado materno, de uma família de proprietários de terras anglo-irlandesas e era um ferrenho defensor da causa nacionalista irlandesa durante grande parte da vida adulta. Para o público britânico em geral, ele talvez fosse mais conhecido como o autor de *The Riddle of the Sands* [O enigma das areias], que fora lançado em 1903 e hoje é frequentemente descrito como o primeiro romance de espionagem do mundo. Childers, no entanto, também contrabandeara armas para os republicanos irlandeses um pouco antes do início da Primeira Guerra Mundial e servira como secretário-geral da delegação que negociara o Tratado Anglo-Irlandês em dezembro de 1921. Como De Valera e outros, ele era decididamente contra algumas cláusulas do tratado, em especial a exigência de que líderes irlandeses jurassem lealdade ao monarca britânico. Na Guerra Civil Irlandesa, ele não hesitou em integrar as fileiras do lado antitratado, tornando-se assim um alvo para o governo pró-tratado. Segundo as resoluções de emergência aprovadas em setembro pelo parlamento, o porte de armas de fogo sem licença era crime capital, por isso Childers foi preso em 10 de novembro. Ele foi rapidamente julgado por um tribunal militar e condenado à pena de morte.

Em sua cela, antes da execução, Childers escreveu as seguintes palavras para a esposa: "Acredito que Deus faz o melhor para nós,

Nick Rennison

para a Irlanda e para a humanidade [...]. Morto, devo ter uma chance melhor de ser compreendido e de ajudar a causa — neste momento, sentado aqui, sou o mais feliz dos homens." Ele enfrentou a morte com coragem e sangue frio. "Deem dois passos à frente, rapazes", teria dito ele aos membros do pelotão de fuzilamento, "será mais fácil desta forma." Na guerra civil em curso, outros líderes antitratado seriam executados. Rory O'Connor, o homem que liderara a ocupação do Four Courts no início daquele mesmo ano, foi morto em 8 de dezembro, junto de três outros republicanos que haviam sido capturados quando os edifícios foram retomados. Indicativo das terríveis divisões que a guerra civil causara, a ordem para a execução de O'Connor foi assinada por Kevin O'Higgins. No ano anterior, O'Connor tinha sido padrinho de casamento de O'Higgins. Pouco mais de cinquenta anos depois, o filho de Erskine Childers, Erskine Hamilton Childers, se tornaria o quarto presidente da Irlanda.

## Um novo líder paRa a Ku Klux KlAn

Nessa época, o grupo de supremacistas brancos, a Ku Klux Klan, estava revivendo. A Klan original fora criada logo depois do fim da Guerra Civil Americana, mas na década de 1870 sua influência havia desaparecido. Em 1915, por ocasião do lançamento do filme *O nascimento de uma nação*, de D. W. Griffith, que glorificava as ações da primeira Klan, o interesse pelo grupo foi renovado, e uma segunda Klan seria fundada naquele mesmo ano pelo pregador William Simmons. Com um grupo de amigos, Simmons escalou a Stone Mountain, na Geórgia, sob temperaturas próximas a zero, e queimou uma cruz no alto dela, se declarando Mago Imperial do Império Invisível dos Cavaleiros da Ku Klux Klan. Em 1922, a segunda Klan tinha crescido em número de adeptos e pretendia

## 1922 | Novembro

se infiltrar em cada canto da vida dos norte-americanos brancos. Essa Klan começou a organizar casamentos, batizados e funerais. E também piqueniques e passeios. Surgiram organizações secundárias como a Klan Júnior e a Senhoras do Olho Invisível (*Ladies of the Invisible Eye, Lotie*). Esta última era um grupo que policiava a moral de outras mulheres. Em um evento amplamente divulgado na cidade de Fort Worth, no Texas, membros da Lotie deram cem chicotadas em uma mãe que acreditavam ser uma má influência para a filha.

No entanto, a liderança de Simmons estava em risco. Em novembro, na Klonvocação para o Dia de Ação de Graças — a Klan gostava de inventar palavras absurdas com a letra "K" —, ele acabou sendo deposto por um dentista de Dallas chamado Hiram Wesley Evans, que assumiria assim a posição de Mago Imperial. Sob o controle de Evans, a organização continuou a se expandir. Ao contrário de sua primeira encarnação, que tinha atraído apoio quase que exclusivamente do Sul — à época derrotado na guerra —, a segunda Klan tinha membros em todos os estados do Sul, do Meio-Oeste e do Oeste norte-americano.

A nova Klan era anticatólica e antissemita, e — como o ataque em Inglewood mostrou (veja Agosto) — demonstrava certa animosidade contra contrabandistas de bebida, mas, assim como a antiga Klan, seus principais alvos continuavam sendo os afro-americanos. Os horríveis linchamentos ainda aconteciam com frequência. Dados compilados pelo Tuskegee Institute, no Alabama, mostravam que o número de linchamentos caíra dramaticamente ao longo da década, de 61 em 1920 para dez em 1929, mas que, só em 1922, ocorreram mais de cinquenta. Uma lei que proibia os linchamentos foi apresentada no congresso pelo republicano Leonidas C. Dyer. Aprovada na Câmara dos Representantes em janeiro de 1922 por uma ampla margem, ela seria derrotada no senado no fim do ano, quando os senadores democratas do sul se mostrariam fortemente

Nick Rennison

contra. Ao longo da década, mais duas tentativas de aprová-la também fracassariam. Os negros, no entanto, não pararam de ser mortos por multidões de brancos.

## A morte do Reino Unido Liberal

Em 19 de outubro, foi convocada uma reunião de parlamentares conservadores no Carlton Club para discutir os prós e os contras de fazerem uma coalizão com os liberais de Lloyd George. O líder do partido, Austen Chamberlain, e outras figuras importantes eram a favor de dar prosseguimento ao acordo, mas eles eram a minoria. Liderados por Andrew Bonar Law e Stanley Baldwin, os parlamentares da base conservadora se rebelaram. Em um discurso inflamado, Baldwin se referiu a Lloyd nestes termos: "Ele foi descrito para mim [...] como uma força dinâmica. Concordo com essas palavras. Ele é uma força dinâmica, e é desse fato que nossos problemas [...] surgem. Uma força dinâmica é uma coisa terrível. Ela *pode* esmagar você, mas não há certeza de que ela vá realmente fazer isso." Conservadores da base do partido concordaram mais com Baldwin do que com Chamberlain e votaram contra a coalizão por 187 a 87.

Supõe-se, erroneamente, que a origem do Comitê de Conservadores de 1922 tenha sido essa reunião. Na verdade, por mais contraditório que seja, esse comitê foi formado em 1923. Outras consequências da reunião do Carlton Club, no entanto, seriam imediata e dramaticamente sentidas. Sem o apoio dos conservadores, Lloyd George não podia mais ter esperança de estar à frente da Câmara dos Comuns. Três horas depois da votação, ele renunciou. Chamberlain resolveu que não seria mais o líder dos conservadores e foi substituído por Bonar Law, que recebeu o convite para integrar o governo. Uma eleição geral agora era inevitável.

A eleição ocorreu na quarta-feira, 15 de novembro. Os conservadores acabaram ocupando a maioria das cadeiras (344), 35 a menos do que tinham conquistado na eleição anterior. Mesmo assim, era o suficiente para dar a eles a maioria na Câmara. Os liberais estavam decididamente divididos. Lloyd George presidia o partido Liberais Nacionais, que acabara de perder 74 cadeiras; outro ex-primeiro-ministro, Herbert Asquith, tinha a lealdade de 62 parlamentares no novo parlamento. Talvez o maior vencedor da eleição de 1922 tenha sido o Partido Trabalhista, sob comando de J. R. Clynes, que levou 142 cadeiras, mais que dobrando sua representação na Câmara dos Comuns. Apesar do sucesso, Clynes foi quase imediatamente substituído na liderança por Ramsay MacDonald. Essa também foi a primeira eleição em que houve a participação de candidatos do Partido Comunista da Grã-Bretanha. Além disso, Shapurji Saklatvala, um dos dois comunistas endossados oficialmente pelo Partido Trabalhista, foi a quarta pessoa de etnia indiana a servir como parlamentar britânico. Mas o maior impacto da eleição de 1922 foi mesmo no Partido Liberal, que durante décadas foi uma das duas maiores forças na política britânica. De fato, a votação de novembro era o fim de uma era. Os liberais não recuperariam nunca mais a posição que perderam.

## Um estranho caso de envenENamento

Em 9 de novembro, o comissário da Polícia Metropolitana Sir William Horwood recebeu uma caixa pelo correio. Ao abri-la, ele viu alguns chocolates. Pensando que eram um presente de Beryl, sua filha, ele colocou um na boca. Em questão de minutos, estava em plena agonia. "Meu Deus! Talvez eu tenha sido dopado", ele teria dito ao secretário, que insistia que as nozes deviam estar estragadas. Depois de inspecionar a caixa com os chocolates, sentindo ainda muita dor, Horwood resolveu pedir ajuda. Ele, na verdade, fora envenenado com arsênico, presente no herbicida que havia sido injetado nos chocolates. Foi somente porque havia comido apenas um chocolate, e porque fora acudido com prontidão, que médicos conseguiram salvar sua vida. Uma investigação revelaria que a pessoa que enviara os chocolates envenenados era um homem de Balham chamado Walter Tatam. Ele também enviara alguns *éclairs* de chocolate envenenados para outros importantes oficiais da polícia, mas nenhum deles chegou a comê-los. A motivação de Tatam nunca foi bem explicada. Ele afirmou no tribunal que, com frequência, ouvia vozes vindas das cercas vivas de jardins suburbanos, por isso acabou sendo considerado louco.

## O fim de um iMpéRio

Enquanto novas nações surgiam e reivindicavam um lugar no mapa-múndi, um antigo império estava prestes a desaparecer. O Império Otomano existia havia mais de seis séculos. Seu auge fora no século XVI, sob o comando de Solimão, o Magnífico, quando era um dos maiores impérios da história, em controle de territórios que iam da Bulgária ao norte da África, da Hungria à Síria. Durante grande parte do século XIX, à medida que os territórios balcânicos ficavam cada vez mais convulsionados por lutas pela independência, e seu lento declínio desencadeava conflitos entre outras grandes potências, ele ficou conhecido como "o doente da Europa". Nas últimas décadas daquele século e nos primeiros anos do século XX, o Império Otomano já perdera quase todas as suas terras a oeste de Constantinopla, conforme nações como a Bulgária e a Sérvia conquistavam sua independência. A Primeira Guerra Mundial e a aliança do então reduzido império com a Alemanha foram desastrosas.

**1922 | Novembro**

Seu último sultão, Mehmed VI, já estava na casa dos cinquenta anos quando assumiu o trono, em julho de 1918. Mal tinha sucedido seu meio-irmão como sultão quando o império se viu tendo que enfrentar as consequências da derrota na guerra. Os aliados vitoriosos começaram a dividir suas terras. Mehmed VI se agarrou aos resquícios do poder imperial, mas novas forças estavam, literalmente, marchando para a Turquia. Centro alternativo de poder, a Grande Assembleia Nacional da Turquia foi estabelecida sob a liderança do general do Exército Mustafá Kemal (que mais tarde ficaria conhecido como Kemal Atatürk).

Em 1º de novembro de 1922, a assembleia aboliu o sultanato e ordenou que Mehmed deixasse Constantinopla. O sultão, convencido de que sua vida estava em perigo, pediu ajuda aos britânicos para deixar a cidade. Em 17 de novembro, ele e sua comitiva foram retirados às escondidas do palácio imperial em duas ambulâncias do Exército e levados até o *HMS Malaya*, que estava atracado na orla. O navio partiu para Malta com o sultão a bordo. No embarque, Mehmed afirmou que não estava abdicando. Segundo os jornais da época, ele enfatizara que "estava apenas se retirando de uma situação perigosa", mas que voltaria em breve. Pouco tempo depois, ficou claro que isso jamais aconteceria. A dinastia que tinha governado um império por quase quinhentos anos já não tinha poder nenhum. Mais tarde, Mehmed se estabeleceu em San Remo, junto de três de suas esposas. E morreria ali, em 1926.

## O Nobel dE Einstein

Em 10 de novembro, foi anunciado que o Nobel de Física iria para Albert Einstein. Também em novembro foi anunciado que Niels Bohr tinha ganhado o Nobel de Física. A explicação para essa aparente contradição é bem simples. Bohr recebeu o prêmio referente ao ano de 1922; e Einstein, o referente a 1921, que havia sido adiado. O comitê do Nobel, responsável pela escolha dos vencedores, decidira em 1921 que nenhum dos indicados era digno do prêmio, então, como o estatuto permitia, resolveram segurar a premiação para 1922. Esse é o motivo por que dois grandes físicos da história foram homenageados no mesmo ano. Curiosamente, Einstein não recebeu o prêmio pela teoria da relatividade geral, mas por seus "serviços à física teórica e, em especial, pela descoberta da lei do efeito fotoelétrico". Alguns enxergaram nessa menção um sutil desprezo. Por que reconhecer um trabalho bem menos conhecido que a revolucionária teoria da relatividade? Em 1922, Einstein já era de longe o cientista mais famoso do mundo, mas sua popularidade não era mundial. Como judeu, era alvo dos antissemitas; como pacifista, atraía o ódio dos nacionalistas alemães. (Em 1933, quando Hitler chegasse ao poder, Einstein renunciaria à sua cidadania alemã.) Em seu país natal, houve até mesmo aqueles que rejeitavam suas teorias como, nas palavras bizarras de um deles, "blefe da física judia".

O próprio Einstein soube com antecedência que receberia o prêmio, mas, talvez intencionalmente, não o foi receber na cerimônia em Estocolmo, no mês de dezembro. Ele estava fazendo um *tour* de palestras pela Ásia e foi recebido com uma admiração raramente concedida até ao mais eminente dos cientistas. No Japão, uma multidão imensa o acompanhava aonde quer que fosse. "No Festival do Crisântemo", escreveu um jornalista chinês, "o centro das atenções não era nem o imperador nem o príncipe regente; as pessoas giravam em torno de Einstein". O cientista tratava toda a adulação com um bom humor irônico. De uma varanda de hotel em Tóquio, olhando para a multidão que o aplaudia lá embaixo, ele comentou com a esposa: "Nenhuma pessoa viva merece esse tipo de recepção. Receio que sejamos vigaristas. Ainda vamos acabar na prisão."

## "Coisas maravilhosas"

"Antes do fim de 1922", escreveu, em 1925, H. R. Hall, o guardião das antiguidades egípcias do Museu Britânico, "o nome do antigo rei do Egito, Tutancâmon, só era reconhecido por algumas centenas de egiptologistas e estudantes de egiptologia [...]. Agora, milhares de pessoas ao redor do mundo sabem quem ele foi [...]". A escavação da tumba e dos tesouros de foi a descoberta arqueológica mais importante da década de 1920 e, sem dúvida alguma, de todo o século XX. Ela só aconteceu por causa da união de dois homens muito diferentes. Nascido em 1874, Howard Carter, filho de um artista e ilustrador, era um arqueólogo profissional que iniciara sua carreira ainda adolescente, copiando as inscrições de túmulos egípcios antigos. Por volta dos vinte anos, começou a trabalhar para o Serviço de Antiguidades Egípcias, mas acabou saindo em 1905 depois de um confronto em que se aliara aos trabalhadores locais em uma disputa com um grupo de turistas franceses. Dois anos mais tarde, ele começou a trabalhar com Lorde Carnarvon.

Oito anos mais velho do que Carter, George Edward Stanhope Molyneux Herbert, o 5º conde de Carnarvon, era um rico aristocrata inglês com uma inclinação para se entregar de corpo e alma às suas obsessões. Uma delas era a corrida de cavalos; a outra era a arqueologia. Certa vez, Carnarvon comentara que preferiria descobrir uma tumba egípcia antiga intacta do que ter um cavalo que vencesse o Derby. As primeiras escavações supervisionadas por Carter, e financiadas por Carnarvon, foram em Deir Elbari, um complexo de templos e tumbas perto de Tebas. Eles conseguiram encontrar objetos interessantes, mas nada sensacional. Ambos estavam torcendo para ser mais bem-sucedidos depois que Carnarvon conseguiu, em 1914, a concessão do governo egípcio para escavar o que agora é conhecido como Vale dos Reis ou Vale das Tumbas dos Reis. A Primeira Guerra Mundial acabara fazendo com que o trabalho fosse interrompido quase que imediatamente depois, mas Carter retornou ao local no fim de 1917. Em 1922, apesar de seus esforços, eles ainda não tinham nenhuma descoberta incrível para mostrar. Uma década antes, outro arqueólogo, chamado Theodore Davis, tinha declarado: "Já escavaram tudo o que podia do Vale das Tumbas." Estava começando a parecer que era isso mesmo. Carnarvon, desapontado, estava prestes a cortar o financiamento, mas foi convencido a manter o apoio por mais uma temporada de escavações. Acabou sendo a decisão certa.

Em 4 de novembro, um dos trabalhadores de Carter tropeçou em uma grande pedra que era o topo de um lance de escadas que levava para baixo. Depois que a área foi escavada e limpa, parte de uma porta foi revelada. Para surpresa e deleite de Carter, parecia que os ladrões de tumba não tinham passado por ali. "Fiquei satisfeito por estar à beira do que talvez fosse uma descoberta magnífica", escreveu ele. Ele e Carnarvon usavam um código quando queriam enviar algum telegrama importante um para o outro. Em 6 de novembro, o conde estava na propriedade de sua família, Highclere Castle, em Hampshire (hoje conhecida por ser o principal set de filmagem da série *Downton Abbey*), quando recebeu um telegrama de Carter, todo escrito de acordo com o código. Ao decodificá-la, era possível ler: por fim fizemos uma maravilhosa descoberta no vale ponto uma tumba magnífica com o selo intacto ponto recuperação parada para sua chegada ponto. A resposta de Carnarvon não foi muito entusiasmada: possivelmente chego logo — e a enviou assim. Mas Carnarvon ficou pensando na mensagem de Carter, e no tom animado em que fora escrita, e decidiu deixar Highclere imediatamente. No novo telegrama que enviou a Carter, ele dizia apenas: *proponho chegada alexandria dia 20*. Em 23 de novembro, ele estava em Luxor. Os trabalhos na tumba foram retomados, e as escavações, recobradas.

## 1922 | Novembro

Em seu livro *A descoberta da tumba de Tutankhamon*, Carter descreve o momento em que espiou pelo pequeno buraco feito através da porta lacrada que o separava do local do descanso final do faraó. À medida que seus olhos se acostumaram à fraca luz, "detalhes do aposento emergiram lentamente da névoa, animais estranhos, estátuas, ouro — por todo lado havia ouro brilhando". Atrás dele, seus colegas ficavam cada vez mais inquietos. "Fiquei mudo de espanto", prosseguiu Carter, "e incapaz de suportar o suspense por mais tempo; Lorde Carnarvon perguntou ansioso: 'Dá para ver alguma coisa?', tudo o que eu consegui falar foram as palavras: 'Sim, coisas maravilhosas'". Infelizmente, é bem provável que essas não tenham sido as exatas palavras usadas na época. Segundo Carnarvon escreveu em um artigo, Carter havia dito apenas: "Há alguns objetos maravilhosos aqui." O livro de Carter foi escrito por um *ghost-writer*, que pode muito bem ter sido Percy White, popular romancista da época e um dos *ghost-writers* do arqueólogo, que inventou a ressonante frase: "Sim, coisas maravilhosas."

Mas não havia dúvida de que fora Carter quem fizera a descoberta mais memorável. "Nosso espanto é difícil de descrever", escreveu ele em seu diário, "conforme a luz revelava a maravilhosa coleção de tesouros: duas estranhas esfinges de um rei, negras como o ébano, com sandálias douradas, bastão e maça, assomando do manto da escuridão; estofados dourados de formatos estranhos [...], caixões e ornamentos primorosamente pintados, entalhados [...], estranhos santuários negros de onde saíam serpentes monstruosas [...], um trono dourado todo entalhado [...] e, por último, uma confusão de peças de carruagem jogada, de ouro reluzente, e, espiando por detrás delas, uma figura humana."

Em 30 de novembro, o *The Times* foi o primeiro jornal a publicar uma reportagem sobre as descobertas no Egito, e a notícia logo percorreu o mundo. Jornais de Nova York à Nova Zelândia deram destaque especial para o que havia sido desvelado em terras egípcias. A "tutmania", a moda de consumir qualquer coisa relacionada ao Egito, começou logo depois que público ficou sabendo das descobertas de Carter. Bandas tocavam músicas com o nome do jovem faraó. Em Paris, a empresa Cartier produziu uma nova linha de joias egípcias. No cabaré Folies-Bergère, na capital francesa, a peça *As loucuras de Tutancâmon* foi encenada com dançarinas que balançavam imensos leques de penas de avestruz, em um estilo que imaginavam ser o egípcio. Em Londres, o *Daily Express* anunciou que "o chapéu de Tutancâmon" havia chegado e poderia ser comprado na loja de departamento Liberty, na Regent Street. O nome do faraó foi usado como marca para produtos que iam de cigarros e bonecas a sandálias e guarda-sóis.

O novo estilo que influenciou a arquitetura e o design, conhecido como *art déco*, foi fortemente marcado pelo renovado interesse no Egito antigo. As consequências da descoberta de Carter podem ser vistas ainda hoje, um século mais tarde. Tutancâmon, um governante de importância menor na história do Egito antigo se tornou, quem diria, o mais famoso de todos os faraós.

## A morte de Marcel Proust

Aproximadamente às 17h30 do dia 18 de novembro, morre Marcel Proust. Ele sofreu de vários problemas de saúde durante grande parte da vida, e havia três anos que raramente se aventurava para fora do quarto forrado de cortiça ou do apartamento onde trabalhava e dormia. A pneumonia que o mataria havia progredido de um resfriado que se transformara em bronquite. Dizem que a última coisa que disse foi "Mãe!".

A monumental obra de ficção de Proust, *Em busca do tempo perdido*, a mesma que com frequência é descrita como o melhor romance do século XX, havia sido iniciada em 1909. Dividida em sete volumes, quatro foram publicados ao longo da vida de Proust (o último em abril de 1922) e três, postumamente.

Proust e outro grande romancista, James Joyce (veja Fevereiro), tinham se encontrado pela primeira e única vez no início daquele ano, quando ambos haviam sido convidados para um jantar em um hotel parisiense. Essa foi uma das poucas ocasiões de 1922 que o francês ousou sair na rua. O encontro, no entanto, não foi um sucesso retumbante. Joyce chegara atrasado e estava visivelmente bêbado. Proust chegara mais tarde ainda e, no início, não foi capaz de travar sequer uma conversa com o autor de *Ulysses*.

Ao longo dos anos, muito especulou-se sobre o que os dois autores teriam dito um para o outro uma vez que a conversa de fato fora estabelecida. A maioria das especulações concorda que não foi uma conversa digna da admiração que os leitores dispensavam às obras de ambos. Segundo uma delas, Proust teria confessado: "Nunca li suas obras, *monsieur* Joyce"; ao que Joyce teria respondido: "E eu nunca li as suas, *monsieur* Proust". Em outra, Proust, que convivera bastante com os escalões superiores da sociedade, teria desfiado uma longa lista de aristocratas que imaginava que Joyce pudesse conhecer. Joyce, cujo círculo social era mais popular, só pôde responder: "Não, *monsieur*" para cada nome que lhe era dito.

## SEnaDora por um dia

Em 21 de novembro, uma supremacista branca e ex-proprietária de escravizados de 87 anos chamada Rebecca Latimer Felton se tornou a primeira mulher a tomar posse como senadora dos Estados Unidos. Ela ficou no cargo por apenas 24 horas. A sra. Felton tinha opiniões profundamente questionáveis sobre raça. Nascida na Geórgia em 1830, casara-se aos dezoito anos. Ela e o marido tinham sido proprietários de escravizados nos anos

Nick Rennison

anteriores à Guerra Civil Americana. Embora mais tarde tenha reconhecido que a "escravidão era uma maldição para o Sul", ela ainda defendia que brancos eram naturalmente melhores que negros, e que homens afro-americanos eram uma contínua ameaça à virtude de mulheres brancas. Em um discurso de 1898, ela chegou a defender o linchamento como uma forma válida de proteger as mulheres sulistas da sexualidade masculina negra que, de acordo com a imaginação delirante dela, era avessa a qualquer outro tipo de controle. "Se for necessário linchar para proteger as mulheres da voracidade dessas feras humanas", teria dito ela aos presentes, "então eu digo, 'linchem' — mil vezes por semana, se necessário".

Como uma mulher com visões tão preconceituosas acabou sendo a primeira senadora do país? E por que ela só ficou um dia no cargo? Primeiro que as ideias da sra. Felton sobre linchamento, embora fossem expressadas de forma mais incisiva do que a maioria as expressaria, não estavam em total desacordo com as de muitos outros norte-americanos. Os linchamentos não eram incomuns nos anos 1920 (veja Julho), e a Ku Klux Klan crescera em número de adeptos e em influência durante grande parte da década. Segundo que, durante sua carreira, ela não era tão conhecida por suas opiniões sobre raça, mas por sua defesa aguerrida dos direitos das mulheres. Ela alcançara proeminência nacional nos anos 1880 e 1890, primeiro durante seu envolvimento com a União de Temperança Cristã das Mulheres e depois na campanha pelo sufrágio feminino (branco, diga-se de passagem).

A 19ª Emenda à Constituição dos Estados Unidos, que estabelecia que o direito ao voto não podia ser negado "por conta do sexo", só foi aprovada em 1920. Muitos políticos do sexo masculino estavam ansiosos para granjear a simpatia de eleitoras recém-emancipadas. Quando uma das cadeiras da Geórgia no senado ficou vaga depois que o titular falecera, o governador, querendo ganhar pontos com o eleitorado feminino, nomeou a idosa e agora famosa sra. Felton

## 1922 | Novembro

para assumir o cargo provisoriamente. Uma eleição nacional para o senado estava agendada para novembro, e o governador sabia que ela não seria efetivada até lá. No entanto, Walter George, o homem que acabou sendo eleito pela Geórgia, também com vontade de bajular o eleitorado feminino, adiou seu próprio juramento em um dia para permitir que a sra. Felton, em um gesto simbólico, se tornasse a primeira mulher senadora. Em 21 de novembro, ela assumiu como senadora dos Estados Unidos; no dia 22, entregou a cadeira para Walter George.

# DEZEMBRO

Nobel da Paz
Bielorrússia
dramaturgia
Jean Cocteau
Bylaters
Antígona
Boris Ielstin
Percy Thompson
Moscou
massacre
serial killer
soviéticas

Um antigo explorador polar vence o Nobel da Paz. O primeiro presidente da Segunda República Polonesa fica apenas cinco dias no cargo. Uma multidão assassina incendeia uma cidade na Flórida. Em Paris, a primeira apresentação de uma peça de Jean Cocteau mostra os talentos de alguns dos artistas mais brilhantes da cidade. Na Grã-Bretanha, uma mulher é acusada de matar o próprio marido com a ajuda de seu amante de 21 anos. No fim do ano, nasce uma nova nação.

## Um explorador polar Recebe o Nobel da paz

O início de 1922 foi marcado pela morte de Ernest Shackleton. No fim do ano, outro explorador polar teria seu trabalho reconhecido em um campo completamente diferente. O norueguês Fridtjof Nansen era um dos mais velhos heróis da era de ouro da exploração polar.

Nascido em 1861 e cientista por formação, ele só começou a se aventurar em explorações depois de ter estudado zoologia e neurobiologia. Na expedição Trans-Groenlândia, em 1888, ele havia elaborado um plano para alcançar o polo Norte aproveitando-se da deriva natural do gelo. Quando conseguiu arranjar um navio, o *Fram*, ele planejou cada detalhe da viagem. A ideia de Nansen era deixar que o *Fram* ficasse preso no gelo, assim as forças naturais do fluxo glacial o levariam espontaneamente ao topo do planeta. Na teoria, a ideia de Nansen era brilhante; na prática, não funcionou. Depois de passar mais de um ano no gelo, ficou claro que o navio não chegaria ao seu destino. Junto de seu companheiro Hjalmar Johansen, Nansen abandonou o navio e tentou chegar ao polo Norte a pé. Não deu certo, mas chegaram muito perto de conseguir. Depois de terem arriscado suas vidas recuando para o sul, eles acabaram encontrando o explorador Frederick Jackson na Terra de Francisco José, de onde foram resgatados.

De volta à Noruega, Nansen decidiu que já havia tido experiências como explorador o suficiente, e se dedicou a outras atividades. Ele foi uma figura-chave na campanha e nas negociações que levaram a Noruega a se separar da Suécia em 1905, fazendo seu país emergir mais uma vez como um Estado soberano e independente. Depois da Primeira Guerra Mundial, ele se tornou o alto-comissário para refugiados da recém-fundada Liga das Nações. Muito de seu trabalho foi focado na Rússia, onde a revolução expatriara centenas de milhares de indivíduos. Uma terrível onda de fome em 1921 só exacerbara a crise.

No início de julho de 1922, Nansen, desempenhando seu papel no Alto-Comissariado da Liga das Nações, convocou uma conferência internacional em Genebra. Trabalhando com os refugiados, ele descobriu que um dos maiores problemas era que muitos não tinham nenhum tipo de documento oficial que comprovasse sua identidade e sua nacionalidade. Para resolver isso, ele persuadiu governos importantes a aceitar o que ficou conhecido como "passaporte Nansen", que permitiria aos apátridas cruzar a fronteira com segurança e dentro da legalidade.

Em dezembro de 1922, ele foi agraciado com o Nobel da Paz pelo, nas palavras do comitê, "papel de liderança na repatriação de prisioneiros de guerra, no trabalho de ajuda internacional como alto-comissário para refugiados da Liga das Nações". O grande explorador polar acabou se tornando um tipo de herói diferente.

## Uma presidência de vIda cURta

Um novo Estado polonês emergiu do caos do pós-guerra. Sua figura mais poderosa era Józef Pilsudski, cujo associado político mais próximo era o ex-professor de engenharia hidrelétrica Gabriel Narutowicz.

Durante quatro anos, Pilsudski liderara a nova Polônia no papel de chefe de Estado, mas, à medida que a nova eleição para presidente se aproximava, ele resolveu não concorrer. Em vez disso,

**1922 | Dezembro**

e para a surpresa de muitos, Narutowicz foi eleito como primeiro presidente da Segunda República Polonesa, em 11 de dezembro de 1922, com o apoio de Pilsudski. De opiniões liberais e apoiado por partidos de esquerda, Narutowicz era um anátema contra os nacionalistas de direita. Tornou-se imediatamente alvo de ataques violentos e, dentre outros crimes, foi acusado de ateísmo e de pertencer à maçonaria. Como era apoiado por partidos judeus, os antissemitas passaram a odiá-lo, inclusive o apelidando de "presidente judeu".

Na primeira vez em que Narutowicz atenderia a um evento no Sejm, o parlamento polonês, manifestantes fizeram barricadas ao longo das ruas que levavam ao edifício e atingiram a carreata dele com lama e bolas de neve. Alguém tentou bater em Narutowicz com um bastão, e outro homem acenou um par de socos-ingleses em frente ao rosto dele.

Cinco dias depois de assumir o cargo, em 16 de dezembro, o novo presidente tinha ido a uma exposição de arte em Varsóvia. Pouco depois do meio-dia, enquanto conversava com um diplomata britânico e examinava uma das obras da exposição, ele foi abordado por um pintor chamado Eligiusz Niewiadomski, que era ligado a partidos de direita. Niewiadomski puxou um revólver e deu três tiros no presidente. Narutowicz morreu logo em seguida. Seu assassino não se esforçou muito para fugir, e acabou sendo levado sob custódia.

Em seu julgamento, ele declarou que a princípio pretendia matar Pilsudski, mas que matar Narutowicz também era um "passo em direção à luta pela identidade polonesa e pela nação". Muitas pessoas da direita concordavam com a ideia dele. Depois de ser executado por um pelotão de fuzilamento em janeiro de 1923, Niewiadomski foi saudado como mártir da causa nacionalista. No ano seguinte, setecentos bebês seriam batizados com o nome de Eligiusz.

Nick Rennison

## O massacre de PerRy

Na pequena cidade de Perry, localizada no condado de Taylor, na Flórida, o corpo de uma professora branca, de 26 anos, chamada Ruby Hendry, foi encontrado em 2 de dezembro no mato ao lado de uma ferrovia. Ela fora espancada e tivera a garganta cortada. Segundo o jornal local, era "um dos crimes mais atrozes dos anais do condado de Taylor". A notícia sobre seu assassinato se espalhou rapidamente, e pessoas brancas, querendo punir o assassino, se reuniram em Perry, vindas do norte da Flórida e até mesmo de estados vizinhos como a Geórgia. Em poucos dias, a polícia encontrou um suspeito. Charles Wright era um afro-americano de 21 anos, e talvez só tenha chamado a atenção por causa de seus antecedentes criminais.

Depois de uma longa caçada, Wright foi localizado em um condado próximo e, junto de um outro jovem negro chamado Albert Young, que supostamente tinha participado do assassinato, foi levado sob custódia. Quando os policiais estavam transportando os dois homens de volta a Perry, deram de cara com uma multidão formada por milhares de pessoas. Elas tiraram Wright e Young do veículo e os levaram para um julgamento popular. Wright foi torturado até confessar o crime. Satisfeita de ter encontrado o assassino, a multidão, segundo noticiou um jornal da época, "começou a amarrá-lo a uma estaca de pinho. Colocaram madeira e capim aos pés dele, e então colocaram fogo nele. O corpo queimou até torrar". Algumas testemunhas afirmaram que, mais tarde, os espectadores teriam vasculhado as cinzas em busca de algum objeto para guardar como recordação. Em sua agonia, Wright fez questão de dizer que Young era inocente, o que fez o jovem ser devolvido às autoridades.

Embora Young estivesse mais uma vez sob custódia da polícia, um grupo menor de justiceiros brancos o sequestrou no dia seguinte, e ele também foi linchado. O *Florida Times* relatou que "seu corpo, crivado de balas, foi deixado pendurado em uma árvore". A fome de vingança da multidão ainda não havia sido aplacada. Embora Wright e Young não fossem nativos de Perry, a comunidade negra da cidade se tornou o novo alvo da massa de assassinos brancos. Muitos deles causaram terror nos distritos negros, queimando casas, comércios e pelo menos uma igreja — e fizeram ainda mais vítimas.

## AnTígona

Em 20 de dezembro, Jean Cocteau apresentou pela primeira vez sua adaptação da peça *Antígona*, do dramaturgo grego Sófocles, no Théâtre de l'Atelier, em Paris. Além de Cocteau, alguns dos mais talentosos artistas da cidade também haviam contribuído para a peça. Os cenários eram de Picasso; os figurinos, de Coco Chanel; a música, de Arthur Honegger.

Em um curto intervalo de tempo e inspirado pelos vasos gregos, Picasso criou um cenário composto de, como seria descrito depois, "um vasto céu azul à beira-mar, colunas dóricas brancas e enormes escudos redondos". Cocteau insistira que apenas Chanel, hoje famosa pelo "vestidinho preto", poderia fazer os figurinos femininos de sua peça. "Eu queria a *mademoiselle* Chanel", escreveria ele, "porque é a nossa principal estilista e porque não conseguia imaginar as filhas de Édipo vestindo outra coisa".

O compositor suíço Honegger também era fascinado pela história de Antígona, tão fascinado que voltaria a ela alguns anos mais tarde para escrever uma ópera em três atos baseada na história, cujo libreto ficaria a cargo de Cocteau. Interpretando o papel de Tirésias estava Antonin Artaud, futuro teórico do "teatro da crueldade" e uma das figuras mais influentes do teatro do século XX. Na terceira apresentação da peça, o futuro líder do surrealismo

Nick Rennison

André Breton, que não era grande fã de Cocteau, discordou de uma fala dele e expressou isso em voz alta. A audiência teve um momento de entretenimento a mais com a barulhenta troca de palavras entre Breton, que era corroborado por seus apoiadores, e Cocteau, que estava no palco e falava por meio de um megafone.

## Thompson e Bywaters

Para os britânicos, não havia dúvidas de que o julgamento mais sensacional de 1922 acontecera próximo ao fim do ano. No banco dos réus, estavam Edith Thompson e seu amante Freddy Bywaters, acusados de matar Percy, o marido de Edith. Assim como o assassinato de Hall e Mills nos Estados Unidos (veja Setembro), o caso Thompson e Bywaters prendeu a atenção dos leitores de jornal com sua história de morte e adultério, tudo isso narrado com um toque da hipocrisia típica dos britânicos.

O julgamento começou em dezembro e, conforme avançava, revelava detalhes nítidos não só de uma tragédia doméstica, mas também das normas que regiam o casamento e a moralidade à época. Edith Thompson (cujo sobrenome de nascimento era Graydon) era uma jovem vivaz e inteligente, que nascera em Dalston, Londres, em 1893, e se casara com Percy em 1916, depois de um noivado de seis anos. Percy, apenas três anos mais velho que a esposa, logo começou a sofrer de uma crise de meia-idade prematura, já no início da década de 1920, Edith se sentia presa em um casamento enfadonho e sufocante.

O casal vivia no subúrbio, no número 41 da Kensington Gardens, em Ilford. Vista de fora, a vida de Edith até poderia ser considerada perfeita. Ela tinha ascendido da classe operária à classe média, era casada com um homem aparentemente carinhoso e trabalhava para uma modista em Londres, ou seja, ela tinha sua própria vida e carreira. Mas, na realidade, ela era desesperadamente infeliz.

É então que aparece Freddy Bywaters, um lindo marinheiro mercante de dezoito anos. Edith e sua família o conheciam desde que ele era criança, mas foi só bem mais tarde que Edith, uma sonhadora romântica e idealista que queria escapar de um casamento cada dia mais miserável, prestou atenção nele. Em junho de 1921, Edith e Percy, junto de Freddy e a irmã mais nova de Edith, Avis (que também estava interessada no jovem marinheiro), foram passar as férias na ilha de Wight.

Quando os dias de descanso estavam prestes a acabar, Edith assumiu para Freddy que se sentia atraída por ele, e ele confessou que o sentimento era mútuo. Percy não sabia de nada, tanto que, quando voltaram a Londres, ele falou para Freddy alugar o quarto extra que tinham em casa. Pouco mais de uma semana depois da mudança, Freddy e Edith se tornaram amantes. O dia em que Edith foi até o "quartinho" de Freddy, e eles desfrutaram do primeiro encontro sexual, era exatamente o mesmo dia em que ele completou dezenove anos: 27 de junho de 1921.

O caso continuou pelos quinze meses seguintes, mas, porque era preciso manter segredo, boa parte dele se deu por meio de cartas. Freddy teve que retornar ao mar. Ele havia tirado uma licença de sessenta semanas, mas na Inglaterra passou somente as últimas catorze . Mesmo quando ele esteve ali, não era sempre que Edith conseguia vê-lo; as vezes em que se encontraram para fazer amor devem ter sido bem poucas. Quando Percy descobriu que havia alguma coisa entre a esposa e seu ex-inquilino, mesmo que não soubesse o quê exatamente, ele ficou tomado de ciúmes e passou a vigiá-la.

Por conta disso, Edith e Freddy só podiam expressar seus sentimentos por escrito. Poucas cartas de Freddy sobreviveram. As de Edith, no entanto, podem ser lidas até hoje e tiveram um papel importante em sua condenação. Enquanto Freddy estava fora, ela lhe enviava longas cartas, cheias de detalhes vívidos de seu cotidiano e de extravagantes declarações de amor. Algumas delas continham mensagens ambíguas que a acusação, durante o julgamento, afirmou serem evidências das repetidas tentativas de matar o marido. Se isso fosse verdade, teriam sido tentativas tímidas e fadadas ao fracasso. Edith disse que eram apenas fantasias suas. Em uma carta, ela conta o seguinte para Freddy: "Usei a lâmpada três vezes, mas na terceira vez ele encontrou um pedaço, então eu desisti — até você voltar para casa." Estaria ela colocando cacos de vidro na comida do marido? É possível que sim, mas também é possível que ela apenas estivesse interpretando alguma personagem dos romances melodramáticos que gostava de ler.

Em outra carta, ela lembra do comentário de Percy sobre o gosto amargo do chá. "Daqui para a frente tudo o que eu colocar no chá vai deixá-lo ainda mais amargo", escreveu ela, "e então ele vai perceber e ficar ainda mais desconfiado [...]". O advogado de defesa a questionou sobre esse trecho durante o julgamento. "Você estava recordando de algum incidente imaginário nessa ocasião?", perguntou ele. "Isso mesmo", respondeu Edith.

Quando Freddy retornou à Inglaterra pela última vez, no fim de setembro de 1922, o palco para a tragédia estava montado. Em 3 de outubro, o casal Thompson assistiu à apresentação de uma farsa de Ben Travers no Criterion Theatre, no West End. Depois do espetáculo, eles pegaram o trem de volta e foram caminhando da estação até a casa deles.

Enquanto seguiam pela Belgrave Road, um homem saiu da escuridão com uma faca em punho e atacou Percy. Edith, segundo uma testemunha, gritara "Não, ah, não!", enquanto o marido caía morto no chão. Doze facadas foram superficiais, mas três não — uma delas acabaria perfurando a artéria carótida e a veia jugular. Percy ficou sangrando na cena do crime, a 130 metros de casa.

Como várias testemunhas afirmaram, Edith estava "histérica". Em determinado ponto, ela teria dito, horrorizada: "O sangue dele está todo em cima de mim!" Em outro momento, ela teria falado ao médico que chegara à cena do crime: "Por que não chegou antes?". Mais tarde, depois que foi acompanhada até sua casa, ela teria dito ao policial: "Vão dizer que fui eu."

Em seu primeiro depoimento para a polícia, Edith não disse que seu marido fora atacado, tampouco que alguém tentara fazer mal a ele. Segundo ela, eles estavam voltando para casa, vindo da estação, quando Percy de repente passou mal. Edith relatou, meio que forçando a barra, que Percy havia exclamado algo como "Ai, ai" antes de cair contra ela. "Estendi meu braço para impedir que ele caísse e vi sangue, que parecia estar saindo da boca dele. Tentei segurá-lo, mas ele cambaleou alguns metros em direção a Kensington Gardens, então se apoiou em uma parede e escorregou até o chão."

Apesar do silêncio de Edith, logo começaram a suspeitar de Freddy Bywaters. Ele iria embora da Inglaterra mais uma vez em questão de dias, em um navio chamado *Morea*, atracado no porto de Tilbury, mas foi levado sob custódia assim que apareceu na casa dos Graydons, os pais de Edith. É difícil acreditar, mas ele tinha ido para lá a fim de cumprir sua promessa e levar Avis ao cinema. Claro que a casa dos pais de Edith estava sendo vigiada. Foi na delegacia de polícia que Edith viu Freddy pela primeira vez desde a noite do assassinato, totalmente por acaso, de acordo com o policial encarregado do caso — embora pareça muito mais provável que o encontro tenha sido arquitetado pela polícia.

Como era de esperar, foi uma surpresa para ela. Ela desabou, gritando: "Por que ele fez isso? Eu não queria que ele fizesse isso! Ah, meu Deus, ah, meu Deus, o que posso fazer?" A partir desse ponto, ela mudou sua história e confessou que tinha reconhecido Freddy Bywaters como o homem que atacara seu marido. Horas mais tarde, Freddy confessou o assassinato, embora dissesse com todas as letras: "Eu não queria matá-lo." Mas ele não parecia muito arrependido, e seu desprezo por Percy era evidente. "Só ataquei Percy porque ele nunca agiu como homem com a esposa. Ele era mais baixo que uma cobra. Eu amava Edith e não podia continuar vendo-a levar aquela vida."

A essa altura, a polícia tinha decidido que Edith incitara Freddy a cometer o crime, que eles de fato conspiraram para matar Percy. Ela era tão culpada quanto ele, e ambos seriam acusados de assassinato. "Por que ela?", perguntou Freddy, perplexo, ao ser informado disso. A perplexidade dele não era de estranhar. O caso contra ele era incontestável. Como um velho lhe diria, sem nenhum tato, quando ele estivesse preso em Brixton à espera do julgamento: "Você não tem chance, meu chapa, você vai ser derrotado." O caso contra Edith, por outro lado, era quase inexistente. Bom, era, pois a polícia, durante uma busca na cabine de Freddy, no *Morea*, encontraria uma pilha de cartas que Edith enviara a Freddy ao longo de suas viagens anteriores. Edith lhe pedira para destruí-las e acreditava que ele tinha feito isso, mas ele não fez. Agora, suas próprias palavras seriam usadas contra ela.

O julgamento de Edith Thompson e Frederick Bywaters começou em 6 de dezembro, e todo o país estava de olho. Na hora do café da manhã, sentadas à mesa, as pessoas se agarravam ao jornal para acompanhar, absortas, o desenrolar da história. Ingressos clandestinos para acompanhar o julgamento ao vivo no Old Bailey começaram a ser vendidos e disputados de uma forma até então inédita. Homens desempregados ficavam a noite toda na fila para conseguir um lugar na galeria pública, e então vendiam seus assentos para o que os jornais chamavam de "damas da sociedade" por cinco libras. "Parecia a estreia de um espetáculo", um jornalista escreveu. Até as pessoas envolvidas no caso podiam ser comparadas a personagens de uma peça. Como escreveu o jornalista

## 1922 | Dezembro

Filson Young, "as três pessoas envolvidas foram apresentadas de modo melodramático. O bom, paciente e inofensivo marido; o jovem homem viril, corrompido e depravado pela experiente mulher do mundo; e a feiticeira de coração sombrio, que lança o feitiço, joga a rede e arruína todos conectados a ela".

Era tudo muito injusto. O principal patologista da época, Bernard Spilsbury, que fora testemunha nos casos do dr. Crippen (executado em 1910 por ter matado a própria esposa) e de George Joseph Smith (*serial killer* executado em 1915, conhecido pelo "assassinato das noivas no banho"), não conseguiu encontrar evidências de que Percy estava sendo envenenado. Infelizmente, apesar da falta de provas, a acusação estava convicta, nas palavras de um jornalista da época, de que, "se a sra. Thompson não cometeu o assassinato, dela foi o cérebro que o planejou".

Os diversos trechos das cartas que foram lidos no tribunal — uma efusão de sentimentos e fantasias proferida em voz alta para os jurados e para o grande público no tom seco e frio dos policiais e oficiais da corte — não ajudaram em nada a defesa de Edith. A decisão que Edith havia tomado, contra o conselho de sua equipe jurídica, de sentar-se no banco das testemunhas também foi um erro desastroso. O desempenho da ré só fez com que ela perdesse a simpatia do público.

Na segunda-feira, 11 de dezembro, os jurados retornaram com o veredito depois de deliberarem por apenas duas horas. Ambos os acusados foram considerados culpados e sentenciados à morte. Edith, que precisou da ajuda dos guardas para não cair do banco dos réus, soltou um longo e incrédulo grito. Freddy exclamou: "O júri está errado. Ela não fez nada."

No curto período entre o veredito e a execução, a defesa tentou desesperadamente comutar as sentenças tanto de Edith quanto de Freddy. As duas famílias endereçaram pedidos de clemência ao ministro do Interior e ao rei e à rainha. Todos foram inúteis. As autoridades estavam determinadas a enforcar os dois. Mesmo a última tentativa de Freddy de salvar a amante se mostrou completamente em vão. Na presença dos guardas da prisão, ele havia dito: "Eu juro que ela é inocente. Ela nunca soube que eu ia ao encontro deles naquela noite. Ela não matou ninguém. Eu matei. Ela nunca planejou isso. Ela não sabia de nada [...]. Não posso acreditar que vão enforcá-la."

Apesar de todos os esforços, Edith e Freddy foram enforcados às nove horas do dia 9 de janeiro de 1923, ele na prisão Pentonville, e ela em Holloway. Ainda é doloroso ler os relatos da execução dela. Nas semanas anteriores à sua morte, Edith às vezes parecia ter aceitado seu destino. Em carta a uma amiga, ela escreveu estas belas palavras: "Todos imaginamos que podemos moldar nossa própria vida — mas raramente podemos. Ela é moldada por nós — pelas leis, regras e convenções deste mundo e, se quebramos apenas uma delas, só temos que esperar um deserto formidável e pouco atraente."

No entanto, conforme a data da execução se aproximava, e os esforços para salvá-la fracassavam, Edith começou a desmoronar. O diretor da prisão autorizou que lhe dessem doses maiores e regulares de morfina. Na manhã de 9 de janeiro, ela estava completamente drogada e incapaz de se mexer. Em uma entrevista feita décadas mais tarde, Alfred Woods, o carrasco assistente, fez um relato daquele dia: "O outro oficial e eu a carregamos para o cadafalso, sentada em nossos braços. Todo esse tempo, ela parecia estar sob efeito de drogas, a cela dela tinha um cheiro forte de hospital. Nós a carregamos até o cadafalso e a seguramos em pé, enquanto o carrasco colocava a corda ao redor do pescoço dela."

Outra testemunha, a médica Dora Walker, falando, assim como Woods, mais de trinta anos depois dos acontecimentos, tem uma lembrança ligeiramente diferente. Edith, disse ela, estava dopada, mas consciente, e conseguia caminhar com um pouco de ajuda. Conforme se aproximava do cadafalso, "ela ia diminuindo o passo e grunhindo como um animal prestes a ser morto. Como uma pessoa despida de toda sua humanidade". Depois que tudo acabou, "o carrasco estava completamente destruído. Ele saiu gritando: 'Ah, meu Deus, ah, meu Deus'".

Segundo o advogado de defesa, Edith Thompson foi, na verdade, "enforcada por adultério", e é difícil discordar dele. A prova de que ela sabia com antecedência da tentativa de Frederick Bywaters de matar seu marido vai de quase nada a inexistente, e as próprias fantasias de se livrar dele, sugeridas em suas cartas, certamente não passavam disso — fantasias. Infelizmente, o fato de que ela havia tido um caso com um homem oito anos mais jovem, e que havia gostado disso, era inegável. Ela foi condenada por sua suposta imoralidade, e não pela morte de Percy Thompson. Para muitas pessoas da época, as cartas de Edith eram prova de sua maldade. "Elas tiveram um papel importante na execução dela", escreveu o detetive que primeiro a havia acusado de assassinato. Para um membro do júri, em um texto publicado no *Daily Telegraph* quase trinta anos mais tarde, elas ainda estavam bem frescas em sua memória. "'Nauseante' não chega nem perto de descrever o conteúdo delas [...]. As cartas da sra. Thompson foram sua própria condenação."

Lendo trechos delas hoje em dia, é difícil entender por que causaram emoções tão fortes, mas, para muitos britânicos em 1922, as cartas eram verdadeiros documentos de imoralidade. Um panfleto, publicado pelo *Daily Express* imediatamente depois do veredito do julgamento, revela a falsa armadura de retidão moral com que a mídia se vestiu. "A morte de Percy Thompson não é a pior coisa neste cenário de apocalipse", afirmava o autor, mas "a degradação do amor em uma vil criatura tão semelhante a nós". A pobre Edith Thompson, segundo o *Daily Express*, era um sintoma da "decadência nacional", pois "não pode haver esperanças para uma raça que deixa levar seus limites ancestrais por um mar de anarquia sensual".

O controverso caso Thompson e Bywaters continuou a atrair a atenção das pessoas pelo resto do século. Na década de 1930, o escritor F. Tennyson Jesse publicou *A Pin to See the Peepshow*, um romance inspirado nesse terrível acontecimento. *Fred and Edie*, de Jill Dawson, publicado em 2000, também é largamente baseado na história de Edith e Freddy.

O filme *Another Life*, estrelando Natasha Little como Edith, Nick Moran como Percy, e Ioan Gruffudd como Freddy, foi lançado no ano seguinte, em 2001. Edith — que fora sacrificada em nome de uma moralidade que estava em vias de desaparecer — não foi esquecida. Como sua última biógrafa, Laura Thompson, escreveu: "Ela ainda nos incomoda. Sua história não deve, nem pode, ser apagada da nossa memória coletiva."

## A formação da URSS

No fim de 1922, nasceu uma nova nação que estava destinada a se tornar uma das superpotências do século. Em 29 de dezembro, o projeto da Declaração de Criação da União das Repúblicas Socialistas Soviéticas (URSS) foi assinado pelos delegados das quatro repúblicas soviéticas — Rússia, Ucrânia, Bielorrússia e Transcaucásia.

No dia seguinte, essa declaração e o Tratado de Estabelecimento da URSS foram aprovados pelo I Congresso dos Sovietes da URSS. O tratado atribuiu à recém-criada nação todas as responsabilidades pela condução das relações exteriores. A URSS poderia controlar as Forças Armadas e declarar guerra ou paz; poderia expandir o número de seus membros se assim quisesse (com o tempo, ela abrangeria quinze repúblicas); em suma, as estruturas pelas quais o poder do novo Estado seria exercido estavam todas à disposição.

Foi criada uma única cidadania soviética e escolhida uma bandeira, e a capital da URSS seria Moscou. Haveria ainda muitas outras mudanças na URSS no futuro, pois ela duraria 69 anos, até sua dissolução em 1991, sob a presidência de Boris Ieltsin.

# Bibliografia

Este livro foi escrito com o objetivo de ser mais popular do que erudito, por isso não enchi o texto de notas de rodapé, muito menos de anotações acadêmicas. No entanto, a bibliografia que você vai encontrar lista os livros que consultei e oferece sugestões de leitura para quem se interessar em se aprofundar nos assuntos.

Akers, Monte. *Flames After Midnight:* Murder, Vengeance, and the Desolation of a Texas Community. Austin: University of Texas Press, 1999.

Allen, Frederick Lewis. *Only Yesterday:* An Informal History of the Nineteen Twenties. New York: Harper & Brothers, 1931.

Ambrose, Kevin. *The Knickerbocker Snowstorm.* Charleston, sc: Arcadia Press, 2013.

Amin, Shahid. *Event, Metaphor, Memory:* Chauri Chaura [1922-1992]. Berkeley: University of California Press, 1995.

Angle, Paul M. *Bloody Williamson:* A Chapter in American Lawlessness. New York: Alfred Knopf, 1952.

Bailey, Greg. *The Herrin Massacre of 1922:* Blood and Coal in the Heart of America. Jefferson, nc: McFarland and Company, 2020.

Bathgate, Gordon. *Radio Broadcasting:* A History of the Airwaves. Barnsley: Pen & Sword Books, 2020.

Cottrell, Peter. *The Irish Civil War [1922-23].* Londres: Osprey Publishing, 2008.

Davis, Colin J. *Power at Odds:* The 1922 National Railroad Shopmen's Strike. Urbana/ Chicago: University of Illinois Press, 1997.

Dunscomb, Paul E. *Japan's Siberian Intervention [1918-1922].* Lanham, md: Lexington Books, 2011.

Figes, Orlando. *A People's Tragedy:* The Russian Revolution [1891-1924]. London: Viking, 1997.

Frayling, Christopher. *The Face of Tutankhamun.* London: Faber, 1992.

Friedrich, Otto. *Before the Deluge:* A Portrait of Berlin in the 1920s. New York: Harper & Row, 1972.

Ginzburg, Ralph. *100 Years of Lynchings [1962].* Baltimore: Black Classic Press, 1988.

Graves, Robert & Alan Hodge. *The Long Weekend:* A Social History of Great Britain [1918-1939] [1941]. London: Hutchinson, 1985.

Hopkins, David. *Dada and Surrealism:* A Very Short Introduction. Oxford: Oxford University Press, 2004.

Hopkinson, Michael. *Green Against Green:* The Irish Civil War. Dublin: Gill Books, 2004.

Jackson, Kevin. *Constellation of Genius: 1922:* Modernism and All That Jazz. Londres: Windmill Books, 2013. [Ed. bras.: *Constelação de gênios:* Uma biografia do ano de 1922. São Paulo: Objetiva, 2014.]

Jackson, Kevin. *Nosferatu:* Eine Symphonie des Grauens. London: bfi/Macmillan, 2013.

Keogh, Dermot. *Twentieth-Century Ireland* [1994]. Dublin: Gill & Macmillan, 2005.

Kinnear, Michael. *The Fall of Lloyd George:* The Political Crisis of 1922. London: Macmillan, 1973.

Lownie, Andrew. *The Mountbattens:* Their Lives and Loves. London: Blink Publishing, 2019.

McAuliffe, Mary. *When Paris Sizzled:* The 1920s Paris of Hemingway, Chanel, Cocteau, Cole Porter, Josephine Baker and their Friends. Lanham, Md: Rowman & Littlefield, 2016.

Milton, Giles. *Paradise Lost:* Smyrna, 1922. London: Sceptre, 2008.

Moore, Lucy. *Anything Goes:* A Biography of the Roaring Twenties. London: Atlantic Books, 2008.

Rabaté, Jean-Michel [ed.]. *1922:* Literature, Culture, Politics. Cambridge: Cambridge University Press, 2015.

Stashower, Daniel. *Teller of Tales:* The Life of Arthur Conan Doyle. New York: Henry Holt, 1999.

Thompson, Laura. *Rex v. Edith Thompson:* A Tale of Two Murders. London: Head of Zeus, 2018.

Wagg, Stephen [ed.]. *Myths and Milestones in the History of Sport.* London: Palgrave Macmillan, 2011.

# AgradEcimenTos

Meu primeiro agradecimento vai para Ion Mills, extraordinário editor que teve a ideia original para este livro. Espero, agora que está terminado, que ele goste do que finalmente emergiu das nossas conversas por e-mail no começo de 2020. Eu também gostaria de agradecer a todos os colegas de Ion no Oldcastle Books, cuja amizade e profissionalismo tornaram o relacionamento com a empresa um grande prazer: Claire Watts, Lisa Gooding, Ellie Lavender, Hollie McDevitt. Elsa Mathern providenciou uma bela capa para o livro, e sou grato pela edição e pelas habilidades de revisão de Jayne Lewis e Madeleine Hamey-Thomas.

Como sempre, a amigos e família que me encorajaram. Amor e gratidão à minha irmã, Cindy Rennison, e à minha mãe, Eileen Rennison. Por mais de um ano fui incapaz de ver minha família na Alemanha — Wolfgang, Lorna e Milena Lüers —, exceto por chamadas no Zoom, mas eles sempre estiveram em meus pensamentos. Ao historiador profissional Hugh Pemberton, que me deu a confiança de que minha abordagem de pesquisa não era inteiramente amadora. O dr. Kevin Chappell, um bom amigo desde a época da faculdade, tem um amplo conhecimento sobre a história irlandesa do século XX, que ajudou a me apontar na direção de vários livros úteis. Durante o tempo estranho no qual este livro foi escrito, o contato com os amigos foi quase inteiramente restrito a e-mails e conversas de telefone, mas agradeço a David Jones, John Magrath, Susan Osborne, Richard Monks, Travis Elborough, Andrew

Holgate e Graham Eagland, que se interessaram pela obra. Os vizinhos Jamie e Lucy Campbell recomendaram que eu lesse *One Summer*, de Bill Bryson (só espero que este livro seja um décimo tão agradável), e sempre perguntaram sobre o progresso do livro durante nossas conversas pela cerca do quintal.

Ao escrever este livro, como em todos os trabalhos que faço, minha maior dívida é com minha esposa, Eve, cujo amor, apoio e encorajamento estão sempre presentes.

# índicE remissivo

Amundsen, Roald, 29
Andrews, Roy Chapman, 89, 90
Arbuckle, Roscoe 'Fatty', 17, 19, 20, 21, 22, 23, 24, 25
Armstrong, Louis, 149, 158
Artaud, Antonin, 229
Assassinatos, 14, 41, 53, 65, 126, 132, 163, 175, 178
Atatürk, Kemal, 171, 172, 173, 174, 213
Ausley, Eula, 97, 98
Aviação, 43, 64, 75, 77, 78, 187, 194, 195

Baldwin, Stanley, 210
Banting, Frederick, 27
BBC, 187, 189, 192, 193, 194
Bell, Alexander Graham, 149, 151, 153
Berlim, 53, 57, 71, 72, 126, 127, 129, 130, 131, 132, 180
Blake, Wilfred, 112, 113
Blyton, Enid, 117
Bohr, Nils, 213
Bonar Law, Andrew, 193, 210
Bottomley, Horatio, 100, 101

Boxe, 135, 142, 169, 184
Brecht, Bertolt, 179, 180
Breton, André, 107, 230
Bridge, Stamford, 78, 79
Brooklands, 98, 99
Brugha, Cathal, 123
Burrows, Arthur, 193
Bywaters, Freddy, 177, 230, 231, 233, 234, 237, 238

Cabral, Sacadura, 64, 65
Camisas-negras, 14, 201, 202
Campbell, Malcolm, 99
Capone, Al, 167, 168, 169
Carlos I, 80
Carnarvon, Lorde, 215, 216, 217
Carpentier, Georges, 142, 143, 184, 192
Carter, Howard, 205, 215, 216, 217, 218
Cather, Willa, 5, 70
Chamberlain, Austen, 210
Chanel, Coco, 229
Chaplin, Charles, 20, 41, 45, 139
Chapman, Herbert, 79
Chaura, Chauri, 46, 47, 48

Cherry-Garrard, Apsley, 29
Chicago, 93, 102, 108, 109, 123, 124, 149, 158, 165, 166, 167
Childers, Erskine, 207, 208
China, 75, 85, 90, 149, 153
Clynes, J.R., 211
Coburn, William, 161
Cocteau, Jean, 223, 229, 230
Collins, Michael, 119, 120, 121, 122, 146, 147, 149, 154, 155, 156
Constantino I, Rei da Grécia, 172
Cornish, Johnny, 97, 98
Coutinho, Gago, 64, 65
Críquete, 93, 95, 96
Crompton, Richmal, 117
Crowley, Aleister, 146, 147
Curry, McKinley, 97, 98 111

Dadaísmo, 106, 1
Dalton, Emmet, 155, 156
Darcy, Jimmy, 143
Daugherty, Harry M., 83, 126
Daily Express, 38, 164, 218, 237
Daily Mail, 79, 112, 162
Dempsey, Jack, 118, 135, 142, 143, 184, 185
De Valera, Eamon, 120, 121, 207
Diary of a Drug Friend (Diário de um viciado em drogas), 146, 147
Dick, Kerr Ladies, 180, 181, 182
Disney, Walt, 102, 103
Dobson, Charles, 175, 176
Doolittle, Jimmy, 176, 177

Doyle, Sir Arthur Conan, 75, 86, 87, 88, 89, 243
Eckersley, Peter, 191, 192
Egito, 14, 35, 49, 50, 51, 61, 113, 205, 215, 217, 218
Einstein, Albert, 205, 213, 214
Elduayen, 160, 161
Eliot, T.S., 14, 16, 195, 196 197, 198, 199
Emmanuel, Victor, 187, 202
Esmirna, o Grande Incêndio de, 171, 172, 173, 174, 175, 176
Espiritualismo, 75, 86, 87, 88, 89
Esser, Hermann, 203
Estados Unidos, 26, 33, 39, 42, 53, 63, 67, 71, 75, 77, 78, 81, 87, 96, 97, 103, 110, 115, 117, 118, 123, 125, 132, 135, 137, 140, 142, 143, 149, 151, 153, 157, 160, 161, 166, 169, 171, 176, 177, 180, 185, 189, 190, 194, 195, 196, 205, 219, 220, 221, 230
Evans, Hiram Wesley, 209

Facta, Luigi, 201, 202
Fairbanks, Douglas, 21, 139
Fall, Albert, 84, 85
Felton, Rebecca Latimer, 219, 220, 221
Fengtian, 85, 86
Fischer, Hermann, 129, 131
Fitzgerald, F. Scott, 53, 67, 68, 70, 157, 179
Fitzgerald, Zelda, 53, 67, 68
Flapper, The (revista), 108, 109

Four Courts, Dublin, 115, 121, 122, 208
Fuad I, rei, 50
Futebol, 14, 79, 169, 180, 181, 182

Gandhi, Mahatma, 46, 47, 48, 53, 61, 62
Gershwin, George, 159
Golfe, 115, 118, 119
Green, Shadrick, 98
Griffith, Arthur, 120, 121, 154, 155
Griffith, D.W., 44, 208
Gruber, 65, 66
Guinness, Kenelm Lee, 98, 99

Hagen, Walter, 118, 119
Hall, Carnegie, 86, 88, 159
Hall, County, 135, 139, 140
Hall-Mills (assassinatos), 177, 178, 179, 230
Harding, Warren, 26, 75, 81, 82, 83, 84, 85, 111, 119, 126, 182, 190
Harris, Harold R., 194, 195
Harvey, James, 143, 144
Hatzianestis, General, 173
Hays, William, 26
Hearst, William Randolph, 23, 25
Hemingway, Ernest, 69, 70, 201
Hendren, Patsy, 95
Hendry, Ruby, 228
Herrin, Massacre de, 123, 124, 125, 241
Herrold, Charles, 189

Hicks, Seymour, 55
Hinterkaifeck, 65, 67
Hitchcock, Alfred, 55, 56
Hitler, Adolf, 131, 203, 214
Hobbs, Jack, 95
Hollywood, 13, 17, 19, 21, 22, 23, 24, 25, 26, 35, 44, 45, 53, 55, 57, 58, 59, 63, 83, 103, 109, 137, 139, 144
Honegger, Arthur, 229
Horwood, Sir William, 211, 212
Houdini, Harry, 88, 89
Huddersfield Town F.C., 78

Ihering, Herbert, 180
Índia, 14, 35, 47, 48, 56, 61, 62, 138
Inglewood, Ataque em, 160, 209
Insulina, 15, 17, 26, 27
Irlanda, 14, 15, 27, 115, 119, 120, 122, 127, 149, 154, 157, 208
Iwerks, Ub, 102

Jazz, 13, 53, 149, 157, 158, 159, 242
Johns, Capitão W.E., 164
Jones, Mose, 97
Jordan, Joe, 143, 144
Jorge V, 120, 139, 140
Joyce, James, 14, 37, 38, 39, 146, 195, 219

Kahanamoku, Duke, 137
Kalafatis, Crisóstomo, 174, 175
Kamenev, Lev, 105
Kansas City, 69, 93, 101, 102, 103

Keaton, Buster, 20, 25
Keller, Helen, 152
Kern, Erwin, 129, 130, 131
Knickerbocker, 31, 33
Kirven, Texas, 97, 98
Knott, Ralph, 140
Ku Klux Klan, 149, 160, 179, 205, 208, 220

Landru, Henri, 41, 42
Lang, Fritz, 56, 57, 58
Laugh-O-gram Films, 101, 102, 103
Lawrence, T.E., 163, 164, 165
Lenglen, Suzanne, 135, 144, 145
Lenin, Vladimir, 93, 103, 104, 105, 106, 126
Lewis, Sinclair, 7
Lewis, Wyndham, 69
Linchamento, 93, 96, 98, 135, 144, 209, 220
Lincoln, Abraham, 110, 111
Lincoln Memorial, 110
Lincoln, Robert Todd, 112, 113
Lindbergh, Charles, 78
Livsey, Walter, 96
Lloyd George, David, 119, 122, 172, 205, 210, 211, 242
Lloyd, Marie, 187, 198, 199
Londres, 17, 20, 27, 28, 30, 50, 61, 77, 86, 93, 100, 119, 126, 135, 139, 140, 145, 149, 163, 193, 205, 207, 218, 230, 231, 241, 242, 243, 253
MacDonald, Ramsay, 211
Macleod, J.J.R., 27

Macmillan, Norman, 112, 113
Malins, Geoffrey, 112, 113
Mallory, Molla, 145
Marcha sobre Roma, A, 14, 201, 202
Marconi Company, 190, 191, 192
McDowell, C.K., 123, 124
Mehmed VI, imperador otomano, 213
Melba, Dame Nellie, 191
Melchior, Lauritz, 191, 192
Melindrosas, 108, 109
Milyukov, Pavel, 71, 72
Minter, Mary Miles, 46
Mortes, 13, 32, 47, 98, 131, 132, 153
Mosher, Medford B., 160
Motim dos Chapéus de Palha, O, 183
Mountbatten, Edwina, 135, 138, 139
Mountbatten, Louis, 135, 138, 139
Murnau, F.W., 57, 58, 59, 180
Mussolini, Benito, 14, 147, 187, 200, 201, 202, 203

Nabokov, Vladimir (filho), 72
Nabokov, Vladimir (pai), 71, 72
Nanook, o esquimó, 19, 20
Nansen, Fridtjof, 225, 226
Narutowicz, Gabriel, 226, 227
Niewiadomski, Eligiusz, 227
Nobel (prêmio), 27, 71, 99, 205, 213, 214, 223, 225, 226

**1922 | Índice remissivo**

Normand, Mabel, 45, 46
Northcliff, Lorde, 161
Nosferatu, 57, 58, 180
Nova York, 19, 75, 83, 87, 107, 126, 142, 166, 169, 182, 184, 185, 217

O'Connor, Rory, 121, 122, 208
O'Higgins, Kevin, 208
Owen, Hurley, 96, 97
Parr, Lily, 182
Perry (massacre), 228, 229
Picasso, Pablo, 229
Pio XI, Papa, 40
Post, Emily, 140
Preston North End F.C., 78, 79, 181
Primeira Guerra Mundial, 13, 29, 40, 42, 48, 49, 50, 56, 57, 66, 69, 80, 86, 90, 100, 106, 108, 127, 132, 138, 140, 149, 153, 164, 179, 181, 184, 194, 196, 200, 207, 212, 216, 226
Proust, Marcel, 196, 205, 218, 219

Rádio, 79, 117, 141, 142, 187, 189, 190, 191, 192, 193, 194
Rappe, Virginia, 22, 23, 24, 25
Rathenau, Walther, 127, 129, 132
Reid, Wallace, 44
Reino Unido, 120, 196, 210
Reith, John, 192, 193, 194
Rice, Grantland, 190
Ritavuori, Heikki, 48, 49
Roma (aeronave), 42, 43

Ruth, George Herman 'Babe', 59, 119, 142
Saklatvala, Shapurji, 211
Schreck, Max, 58, 180
Shabelsky-Bork, Pyotr, 72
Shackleton, Ernest, 17, 27, 28, 225
Shelby, Charlotte, 46
Sibéria, 115, 132, 133
Siki, Battling, 184, 185
Simmons, William, 208, 209
Sitwell (família), 30, 31
Stalin, Joseph, 104, 105, 106
Surrealismo, 107, 229
Swatow (tufão), 149, 153

Taboritsky, Sergey, 72
Tambores na noite, 179, 180
Tandefelt, Knut Ernst, 49
Tarkington, Booth, 70
Tatam, Walter, 212
Taylor, William Desmond, 25, 44, 45, 46
Teapot Dome, Escândalo do, 81, 84, 126
Tempestade Knickerbocker, 31, 33, 241
Tennyson, Lionel, 96
Terra Devastada, A, 14, 106, 195, 196, 197
The Times, 119, 162, 163, 217
Thompson, Edith, 230, 231, 232, 233, 234, 235, 236, 237, 238
Thompson, Leonard, 26, 27
Thompson, Percy, 230, 231, 232, 233, 234, 235, 237, 238

Tomosaburō, Katō, 133
Torrio, Johnny, 166
Traynor, Oscar, 122, 123
Trotsky, Leon, 104, 105
Tutancâmon, 215, 218
Tzara, Tristan, 106, 107, 108

Ulysses, 14, 37, 38, 39, 146, 195, 196, 219
URSS, 14, 238, 239

Von Harbou, Thea, 56

Walton, William, 29
WAMPAS Baby Stars, 63
Weissmuller, Johnny, 135, 137, 138
Wharton, Edith, 70
Whiteman, Paul, 158
Williams, Margery, 117
Wilson, Sir Henry, 122, 126, 127
Wirth, Joseph, 128, 129, 132
Woolf, Virginia, 39, 196
Wright, Charles, 228, 229
Wu Peifu, 85

Young, Albert, 228, 229

Zaghloul, Saad, 50
Zhili, camarilha, 85, 86
Zinoviev, Grigory, 105
Zuolin, Zhang, 85, 86

# S0brE o autoR

Nick Rennison é escritor e editor, com interesse particular na era vitoriana e na ficção policial. É autor de *The Bloomsbury Good Reading Guide to Crime Ficction*, *100 Must-Read Crime Novels* e *Sherlock Holmes: An Unauthorised Biography*. Também é organizador de seis antologias de contos para a No Exit Press: *The Rivals of Sherlock Holmes*, *The Rivals of Dracula*, *Supernatural Sherlocks*, *More Rivals of Sherlock Holmes*, *Sherlock's Sister* e *American Sherlocks*, e de *A Short History of Polar Exploration*, *Peter Mark Roget: A biography*, *Freud and Psycoanalysis*, *Robin Hood: Myth, History & Culture* e *Bohemian London*, publicados pela Oldcastle Books. Seus livros de ficção policial, *Carver's Quest* e *Carver's Truth*, ambos ambientados em Londres no século XIX, foram publicados pela Corvus. Publica regularmente resenhas no *The Sunday Times* e na *BBC History Magazine*.

**Primeira edição** (dezembro/2021)
**Papel** Ivory 75g
**Tipografias** New Baskerville e Asap
**Gráfica** Santa Marta